Sérgio Cardoso

Imagens de Sua Arte

Sérgio Cardoso

Imagens de Sua Arte

Um Roteiro Iconográfico
Organizado e Comentado

por

Nydia Licia

imprensaoficial

São Paulo, 2004

GOVERNO DE SÃO PAULO

Governador José Serra

imprensaoficial Imprensa Oficial do Estado de São Paulo

Diretor-presidente Hubert Alquéres

Coleção Aplauso

Coordenador Geral Rubens Ewald Filho

Apresentação

Segundo o catalão Gaudí, *não se deve erguer monumentos aos artistas porque eles já o fizeram com suas obras.* De fato, muitos artistas são imortalizados e reverenciados diariamente por meio de suas obras eternas.

Mas como reconhecer o trabalho de artistas geniais de outrora, que para exercer seu ofício muniram-se simplesmente de suas próprias emoções, de seu próprio corpo? Como manter vivo o nome daqueles que se dedicaram à mais volátil das artes, escrevendo, dirigindo e interpretando obras-primas, que têm a efêmera duração de um ato?

Mesmo artistas da TV pós-videoteipe seguem esquecidos, quando os registros de seu trabalho ou se perderam ou são muitas vezes inacessíveis ao grande público.

A *Coleção Aplauso*, de iniciativa da Imprensa Oficial, pretende resgatar um pouco da memória de figuras do Teatro, TV e Cinema que tiveram participação na história recente do País, tanto dentro quanto fora de cena.

Ao contar suas histórias pessoais, esses artistas dão-nos a conhecer o meio em que vivia toda uma classe que representa a consciência crítica da sociedade. Suas histórias tratam do contexto social no qual estavam inseridos e seu inevitável reflexo na arte. Falam do seu engajamento político em épocas adversas à livre expressão e as consequências disso em suas próprias vidas e no destino da Nação.

Paralelamente, as histórias de seus familiares se entrelaçam, quase que invariavelmente, à saga dos milhares de imigrantes do começo do século passado no Brasil, vindos das mais variadas origens. Enfim, o mosaico formado pelos depoimentos compõe um quadro que reflete a identidade e a imagem nacional, bem como o processo político e cultural pelo qual passou o País nas últimas décadas.

Ao perpetuar a voz daqueles que já foram a própria voz da sociedade, a *Coleção Aplauso* cumpre um dever de gratidão a esses grandes símbolos da cultura nacional. Publicar suas histórias e personagens, trazendo-os de volta à cena, também cumpre função social, pois garante a preservação de parte de uma memória artística genuinamente brasileira, e constitui mais que justa homenagem àqueles que merecem ser aplaudidos de pé.

José Serra
Governador do Estado de São Paulo

Coleção Aplauso

O que lembro, tenho.
Guimarães Rosa

A *Coleção Aplauso*, concebida pela Imprensa Oficial, visa a resgatar a memória da cultura nacional, biografando atores, atrizes e diretores que compõem a cena brasileira nas áreas de cinema, teatro e televisão. Foram selecionados escritores com largo currículo em jornalismo cultural para esse trabalho em que a história cênica e audiovisual brasileira vem sendo reconstituída de maneira singular. Em entrevistas e encontros sucessivos estreita-se o contato entre biógrafos e biografados. Arquivos de documentos e imagens são pesquisados, e o universo que se reconstitui a partir do cotidiano e do fazer dessas personalidades permite reconstruir sua trajetória.

A decisão sobre o depoimento de cada um na primeira pessoa mantém o aspecto de tradição oral dos relatos, tornando o texto coloquial, como se o biografado falasse diretamente ao leitor.

Um aspecto importante da *Coleção* é que os resultados obtidos ultrapassam simples registros biográficos, revelando ao leitor facetas que também caracterizam o artista e seu ofício. Biógrafo e biografado se colocaram em reflexões que se estenderam sobre a formação intelectual e ideológica do artista, contextualizada na história brasileira, no tempo e espaço da narrativa de cada biografado.

São inúmeros os artistas a apontar o importante papel que tiveram os livros e a leitura em sua vida, deixando transparecer a firmeza do pensamento crítico ou denunciando preconceitos seculares que atrasaram e continuam atrasando nosso país. Muitos mostraram a importância para a sua formação terem atuado tanto no teatro quanto no cinema e na televisão, adquirindo linguagens diferenciadas – analisando-as com suas particularidades.

Muitos títulos extrapolam os simples relatos biográficos, explorando – quando o artista permite – seu universo íntimo e psicológico, revelando sua autodeterminação e quase nunca a casualidade por ter se tornado artista – como se carregasse desde sempre, seus princípios, sua vocação, a complexidade dos personagens que abrigou ao longo de sua carreira.

São livros que, além de atrair o grande público, interessarão igualmente a nossos estudantes, pois na *Coleção Aplauso* foi discutido o processo de criação que concerne ao teatro, ao cinema e à televisão. Desenvolveram-se temas como a construção dos personagens interpretados, a análise, a história, a importância e a atualidade de alguns dos personagens vividos pelos biografados. Foram examinados o relacionamento dos artistas com seus pares e diretores, os processos e as possibilidades de correção de erros no exercício do teatro e do cinema, a diferença entre esses veículos e a expressão de suas linguagens.

Gostaria de ressaltar o projeto gráfico da *Coleção* e a opção por seu formato de bolso, a facilidade para ler esses livros em qualquer parte, a clareza de suas fontes, a iconografia farta e o registro cronológico de cada biografado.

Se algum fator específico conduziu ao sucesso da *Coleção Aplauso* – e merece ser destacado –, é o interesse do leitor brasileiro em conhecer o percurso cultural de seu país.

À Imprensa Oficial e sua equipe coube reunir um bom time de jornalistas, organizar com eficácia a pesquisa documental e iconográfica e contar com a disposição e o empenho dos artistas, diretores, dramaturgos e roteiristas. Com a *Coleção* em curso, configurada e com identidade consolidada, constatamos que os sortilégios que envolvem palco, cenas, coxias, *sets* de filmagem, textos, imagens e palavras conjugados, e todos esses seres especiais – que nesse universo transitam, transmutam e vivem – também nos tomaram e sensibilizaram.

É esse material cultural e de reflexão que pode ser agora compartilhado com os leitores de todo o Brasil.

Hubert Alquéres
Diretor-presidente da
Imprensa Oficial do Estado de São Paulo

Apresentação

Fazer voltar à memória a figura de um ator, através das imagens de suas criações não seria jogar com uma contradição? A tão decantada fugacidade da arte do intérprete não poderia ser a sua particular e especial riqueza, a transposição poética de nossa efêmera condição terrena?

Contrariando tudo isso, tanta dedicação, tanto sofrimento, tanto trocar de almas, teimam em permanecer. Vídeo, cinema, imagem e voz seriam capazes de captar essa presente/presença, instante mágico de uma noite ou de uma tarde?

Bem analisados, sem pressa, um gesto, um olhar fixados por um bom fotógrafo não deixam de ter seu poder de evocação, ainda mais quando reunidos, formando um extraordinário painel de diversidades. No caso de Sérgio Cardoso, cada uma das imagens (ao lado de fotos cotidianas que chamávamos antigamente de "instantâneos") contará a história do moço que começou representando nos colégios beneditinos e jesuíticos e que, timidamente, se apresentou à Jerusa Camões, em 1945, para obter um papel em *Romeu e Julieta*, no Teatro Universitário, do Rio de Janeiro. Traçou definitivamente seu caminho dois anos depois, num teste, perante um júri que ouviu surpreendidíssimo a leitura do monólogo *"Ser ou não ser"*. Tratava-se de escolher intérprete para a próxima montagem de *Hamlet*, agora no Teatro do Estudante.

Sérgio foi escolhido para ser o protagonista e naquele exato instante, talvez sem inteira consciência, comprometia-se definitivamente com o palco, onde deveria cumprir finalmente seu destino.

Paschoal Carlos Magno, diretor do grupo, achou necessário que os moços e moças convocados aprendessem que uma encenação se faz com estudos teóricos e práticos. E sendo assim, concentrou-os num casarão da Tijuca a fim de que tivessem lições de esgrima, dicção, mímica, inglês e... Shakespeare. Competia a cada um dos presentes escrever uma espécie de "diário de bordo", relatando os acontecimentos do dia. Longe ainda das agruras do teatro, Sérgio de Mattos Cardoso, entusiasmado e alegre escreveu naquele 28 de julho de 1947: *"Sem galos madrugadores, nem coloridas alvoradas, levantamos burguesmente às sete e tanto.*

Já às nove estavam as três turmas de inglês conversando com Paschoal e Paula Lima ou conjugando I am, you are *com Jacy Campos. Veio depois o Duque e sua elegante gravata borboleta (...) os minutos seguintes foram dedicados ao estudo das peças que serão encenadas"*, conforme informa o *Correio da Manhã* em 31 de janeiro de 1947.

Mais seis meses e estariam estreando no Teatro Fênix. E o público pôde constatar no ator-amador as qualidades que os críticos enumerariam depois: elegância e finura de gestos (quase um bailarino), belíssima voz de múltiplas inflexões. Não demorou muito para que vissem nele a maior revelação dramática do teatro brasileiro, depois de João Caetano.

O entusiasmo por Sérgio / Hamlet / Espetáculo contagiou a cidade e fez lotar as cinqüenta sessões da temporada. Muitos iam ver e voltavam dias depois para conferir tal e tal passagem. Correu mesmo um boato que espectadoras emocionadas acompanharam todas as récitas no Fênix e no República, fazendo parte do que a crítica Bárbara Heliodora, trinta anos mais tarde, chamaria de *"privilegiada confraria"* daqueles que puderam ver o *Hamlet* de Sérgio Cardoso...

O espetáculo passou por São Paulo. Acostumado ao amadorismo paulista, sempre tendendo a uma aproximação com o natural, Decio de Almeida Prado fez considerações sobre a gênese interpretativa de Sérgio Cardoso. Não negando suas qualidades *"realmente espantosas"*, vê nele algum parentesco com os discípulos de Ziembinski naquele período: *a mesma exteriorização violenta, mesmo abuso e uso das qualidades físicas, a mesma fuga decidida ao naturalismo, nos gestos e inflexões. É um teatro mais de carne e nervos que de pensamento, mais exterior que psicológico.*

Mas, poderia se dar de outra forma a conquista que se tentava fazer de um público acostumado ao riso dos ingênuos problemas das comédias de costume? Estava muito recente ainda a modernização do nosso teatro. Aquele público deveria ser conquistado através de emoções mais fortes. E se houve na interpretação de *Hamlet* muito de *"carne e nervos"* estes fatores passaram a fazer parte de seu estilo, como se o ator perseguisse uma tradição dramática. Trabalhados, entremeados às outras qualidades, mas nunca reprimidos, fundamentaram suas criações.

O entusiasmo da receptividade incomum levou Sérgio Cardoso a tentar, em 1945, uma companhia profissional, com alguns elementos do *Hamlet* primitivo, surgindo assim novo conjunto.

Ruggero Jacobbi, responsável por dois dos espetáculos do Teatro dos Doze, apresentou-lhe Goldoni (*Arlequim, Servidor de Dois Amos*), aproveitando-se de sua flexibilidade corporal, de sua comicidade ainda não revelada, mas latente, e acrescentando um dado às suas preocupações interpretativas: não abandonar, nem fechar as portas em suas criações *"aos espiritozinhos nacionais do moleque negro, do Saci-pererê, do dançarino grotesco índio, do carioca carnavalesco"*, conforme lembra Berenice Raulino em seu livro *Ruggero Jacobbi – Presença Italiana no Teatro Brasileiro*.

O fato é que trouxe para o Teatro Brasileiro de Comédia, em São Paulo (seu porto de refúgio, após o fracasso financeiro do jovem elenco), um conhecimento da *Commedia Dell'Arte*, via Goldoni, e uma certeza: era não somente ator, mas um homem de teatro, uma vez que, além de intérprete, ficaram a seu cargo, na montagem profissional de *Hamlet*, os cenários e os figurinos.

A permanência no TBC seria aquilo que poderíamos chamar de exercícios de alteridade. Percebeu ainda mais que será doravante um ator de vários rostos e almas, e somente nessas sucessivas andanças iria sentir-se realizado.

Ao estrear naquela casa de espetáculos, com *O Mentiroso*, em 1949, surpreende. Está claro que o crítico o vê bem longe das *"exteriorizações violentas": Sérgio Cardoso é um extraordinário comediante, não apenas no sentido menor (estes os possuímos em abundância), mas também no sentido mais alto, de artista capaz de nos falar antes à imaginação e ao espírito do que aos sentidos.*

Seguindo em frente, o ator tece pacientemente as finas teias de Sófocles, Oscar Wilde, Máximo Gorki, da mesma forma com que se aperfeiçoa nas delicadezas de Jean Anouilh, no riso de Tchekhov ou Sauvajon, na indecifrabilidade de Pirandello e – sem medo e com muita coragem – na dramática e repugnante personalidade de Garcin, o covarde desertor de *Entre Quatro Paredes* de Jean-Paul Sartre.

Na verdade esses três momentos da vida, o TE, o TD e o TBC, formam o profissional que tudo queria abranger e que sente a indefectível necessidade de um palco seu.

Inaugura com Nydia Licia, em 1954, sua própria Companhia, antecedendo a casa de espetáculos tão desejada. Em *Lampião*, de Rachel de Queiroz, trabalha com esmero a voz e o corpo, compondo uma figura solitária, desconfiada e triste, levemente sinistra. No entanto, será ainda o Príncipe da Dinamarca, que em 1956 vai iniciar o Teatro Bela Vista.

O artesão Sérgio Cardoso, dono do espaço, não faz nem os cenários nem os figurinos, mas dirige e fabrica medalhas e candeias. Aventura-se em Pirandello, em Suassuna, em Noel Coward e vê encantos num musical de Vicente Catalano. Não teme o *boulevard*, dirige um *Vestido de Noiva* exemplar e, num exercício de poesia, oferece à sua companheira uma comovente direção em *Chá e Simpatia*, de Robert Anderson. Entre direções e atuações, são quase vinte espetáculos. Fará alguns mais, longe do Bela Vista.

Se as fotos vão ficar para sempre, outras lembranças esgarçadas vão tentar permanecer. Algumas repetidas à exaustão, todas as vezes que se contar em livros a sua história. Outras, temporariamente. Fragmentos de críticas sensíveis que notaram, em determinadas cenas, exemplaridades incontestáveis, ou então pedaços de uma voz nos ouvidos de quem ainda estiver vivo.

De Sérgio Cardoso guardo nitidamente sua voz modulando os embates da vida em *A Falecida*, de Nelson Rodrigues: *... Vou apostar com duzentas mil pessoas... Seus cabeças-de-bagre... Casaca, casaca... Vascoooo! Vascoooo!* Num crescendo, sua genialidade percorria em minutos, o ódio, o entusiasmo, o desespero, envolvendo-os num soluço, quase imperceptível. Compreendíamos de imediato, tudo quanto o autor se esforçou por nos dizer.

Maria Thereza Vargas

As frases feitas têm o péssimo hábito de se transformar em verdades absolutas. *O Brasil é um país sem memória* tornou-se uma justificativa para todo e qualquer esquecimento.

Imaginem, pois, a minha alegria quando ouvi de Rubens Ewald Filho a notícia de que a Imprensa Oficial do Estado de São Paulo lançaria uma coletânea de biografias de artistas de diversas áreas.

Amigo de longa data, Rubens sabia que possuo vasto acervo fotográfico da vida e da carreira de Sérgio e achou que um lançamento desse porte não poderia prescindir da figura de um dos maiores atores de teatro do Brasil.

Aceitei a incumbência de organizar um roteiro iconográfico com o material que possuo e redigir o texto que comentaria as imagens. Minha finalidade é mostrar aos jovens estudantes de hoje - e ao público em geral - a versatilidade desse ator, cuja carreira meteórica iluminou os palcos brasileiros por tão pouco tempo.

Nydia Licia

Seis de janeiro de 1948, um moço magro, franzino, muito míope, tirou os óculos e se preparou para entrar em cena no Teatro Fenix, no Rio de Janeiro.

Era a noite de estréia do ***Hamlet*** de Shakespeare, apresentada pelo *Teatro do Estudante* e ele ia interpretar o papel principal. A peça, dirigida pelo alemão Hoffman Harnisch, começou; bastaram poucos minutos para o público perceber que algo diferente estava acontecendo. Aquele moço de aparência franzina, ao pisar no palco, se transformara em um gigante. E a platéia carioca, num silêncio total, acompanhou o desenrolar da tragédia shakespeariana, para no final explodir numa verdadeira ovação. No dia seguinte o nome de Sérgio Cardoso era manchete dos maiores jornais do Brasil.

Mas como foi que um bacharel de direito, de repente, resolveu ser ator?

Alguma influência da família? Não. O pai, Francisco da Silva Mattos Cardoso, português de nascimento, era gerente do Banco Ultramarino. A mãe, Maria Esther da Fonseca Mattos Cardoso, nascida em Belém, no Pará, só cuidava do marido e dos filhos. Era descendente de espanhóis, franceses e índios.

O irmão, Mário, bancário como o pai, gostava de futebol, de pescar e era tão tranqüilo que os passarinhos vinham comer em suas mãos. Só a irmã Manuelina, talvez a mais parecida com Sérgio, sonhava em ser bailarina, mas uma doença grave a obrigou a parar. Logo depois, casou-se com um médico, militar de carreira, e qualquer possibilidade artística foi completamente esquecida...

Na infância de Sérgio não encontramos grandes manifestações artísticas, a não ser que levemos em conta as "terríveis cenas" (como ele mesmo as definia) que aprontava todas as vezes que era repreendido ou castigado; verdadeiros escândalos! Ou o teatro de marionetes com que brincava junto com a irmã. Ou ainda algumas imitações de artistas ou políticos. É claro que, após se tornar um ator de sucesso, não faltaram os parentes e amigos que declararam ter enxergado nessas brincadeiras infantis o prenúncio da futura carreira. Na realidade, era uma criança frágil, introvertida e contemplativa que gostava de música, principalmente de óperas.

Com os irmãos Manoelina e Mário

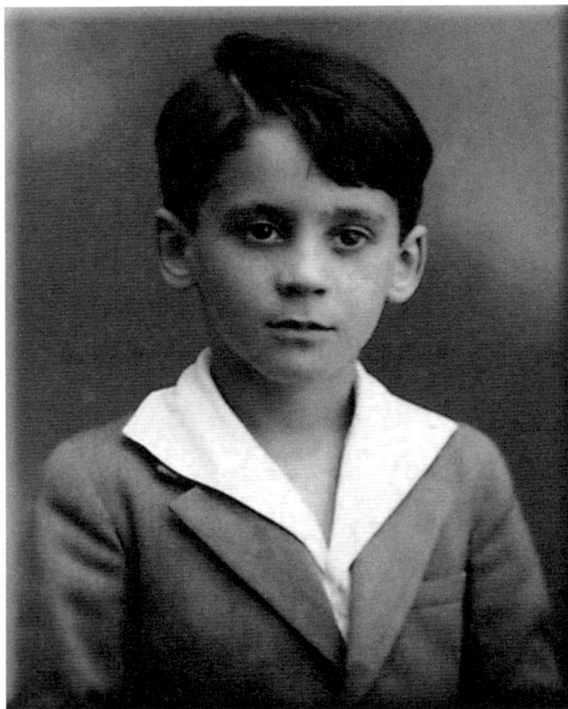

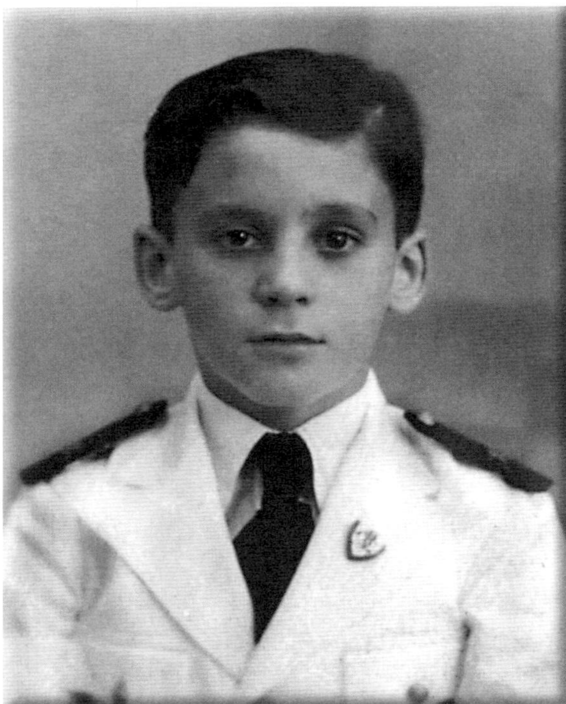

Nascido em Belém a 23 de março de 1925, ali permaneceu por pouco tempo. Até os 5 anos de idade, Sérgio foi praticamente nômade. Tendo o pai sido transferido para a cidade do Porto, mudou-se para Portugal com toda a família. Após um tempo, voltaram para o Brasil e foram morar em Manaus. Em seguida, mais uma vez em Portugal e logo depois no Rio de Janeiro, onde Sérgio iniciou os estudos. A família, muito religiosa, quis que ele estudasse em escolas católicas. Esteve primeiro no Colégio São Bento e, em seguida, no Santo Inácio. Em 1937, no Santo Inácio, dirigido pelo jesuíta, Padre Moutinho, interpretou papéis em vários espetáculos, a maioria de autores desconhecidos: ***Vítima do Dever, Satã, Quem Deu o Pontapé?***

Quando o pai teve novamente que voltar a Portugal, Sérgio ficou no Brasil para não interromper os estudos. Foi transferido para São Paulo onde morava sua tia Julieta, irmã da mãe, que o inscreveu no Gymnasio São Bento, onde terminou o curso ginasial. Foi lá que tomou parte na peça ***Os Holandeses no Brasil***, de autoria do padre beneditino José Solari e dirigida por um ex-aluno, o dr. Rubens Padim. No término do curso, Sérgio foi escolhido para orador da turma. Em 1941, o pai, nomeado definitivamente para o Rio de Janeiro, chamou de volta Sérgio à então Capital. Após estudar 3 anos no Colégio Anglo-Americano, onde não fez teatro mas ganhou muitas medalhas de natação, cursou Direito na Pontifícia Universidade Católica.

Só em 1945 voltou a participar de um espetáculo teatral. O Teatro Universitário do Rio de Janeiro levou no Teatro Municipal a peça ***Romeu e Julieta*** de Shakespeare e ele viveu o papel de Teobaldo. Foi dirigido por Esther Leão, diretora portuguesa e professora de voz, famosa na época. Nada de muita importância até então. Nada que fizesse prever o estrondoso sucesso de ***Hamlet***, apenas três anos mais tarde.

Embora assistisse a todas as peças apresentadas no Rio, não freqüentava o meio artístico, nem procurou participar de alguma companhia teatral. Durante o período em que era estudante de Direito, trabalhou como desenhista profissional na Gráficos Bloch, passando em seguida para a Sidney Ross, desenhando rótulos para embalagens de sabonetes e pasta de dente, fazendo ilustrações e aprimorando seu traço de desenhista.

É dessa época uma expressiva cabeça de Cristo, que anos mais tarde daria de presente à filha.

Com os irmãos Mário e Manoelina e o cunhado Ademaro

A mãe, D. Esther

No uniforme de gala, com o irmão Mário

Trabalhava na *Sidney Ross* Raymundo Magalhães Jr., autor teatral e tradutor de todos os textos americanos de sucesso. Num artigo escrito alguns anos mais tarde, conta como ficou espantado quando aquele mocinho muito quieto perguntou-lhe se teria uma cópia de sua peça ***Carlota Joaquina,*** pois gostaria de ler o texto cuja encenação assistira no teatro, mas não o encontrara em nenhuma livraria. Começaram então a conversar sobre arte, teatro e literatura, e Magalhães Jr. admirou-se com a cultura do jovem colega e a profundidade de suas observações. Em 1953, numa prova de confiança, lhe entregaria um texto seu, ***A Canção Dentro do Pão,*** para dirigir; e foi com ele que Sérgio fez sua estréia como diretor.

Rio 4/2/40
Rio 11/3/40

Mas a meta de Sérgio era o Itamaraty. Queria ser diplomata, viajar pelo mundo, ver tudo que havia de cultural e artístico. Sempre se dedicou à leitura - desde os 5 anos de idade - conhecia em profundidade a literatura brasileira e a francesa, lia muitos textos de teatro, principalmente Shakespeare, mas parece que não sonhava em ser ator. Ele dizia que, em teatro, querer não é poder, no entanto rapidamente demonstrou que, quando **quis**, ele **pôde**.

Logo após a estréia de ***Hamlet***, seu mundo virou de cabeça para baixo. Só pensava em ser ator; não mais um diplomata e, muito menos, um advogado. No entanto, essa carreira brilhante surgiu de um equívoco, de um diálogo apressado e mal-compreendido, que manteve com Paschoal Carlos Magno, em 1947. Mas por que contar, em terceira pessoa, uma saborosa história que o próprio Sérgio escreveu, anos mais tarde, para apresentá-la no palco?

"Estava eu no último ano da Faculdade. Já havia feito pecinhas de fim-de-ano nos colégios dos jesuítas e dos beneditinos, onde estudei... Já tinha colaborado com o Teatro Universitário... Assistia a tudo que era espetáculo: ópera no Municipal; comédias de Dulcina e de Procópio, de Jaime Costa e de Eva Tudor; as memoráveis temporadas de ***Os Comediantes***; a estréia, numa delas, estréia badaladíssima, do ***Vestido de Noiva***, de Nelson Rodrigues, e – por que não dizer? – até revistas, na lendária Pça. Tiradentes... Mas o destino me arrastava, inapelavelmente, para um outro palco – o da própria vida! Eu reagia.

E, reagindo, acabei por escolher a carreira mais teatral que o mundo me oferecia, fora de um palco – o Itamaraty, a carreira diplomática, pois, conforme já disse alguém, *"um embaixador é um homem muito honrado que se manda para bem longe a fim de mentir em benefício do próprio país"*. Mentir, como se sabe, é um dos sinônimos de representar.

Acabava de voltar ao Brasil um de seus monstros sagrados, Paschoal Carlos Magno, diplomata e, mais do que diplomata, entusiasta de tudo que é arte, fundador do Teatro do Estudante do Brasil, uma das contribuições mais positivas à renovação da nossa arte dramática.
Eu era muito tímido. Lembro-me que o vi, várias vezes, de longe, antes de criar coragem de me dirigir a ele. Até que um dia...
- *Doutor Paschoal...*
- *O que é, meu filho?*
- *Eu queria falar com o senhor...*
- *Pode falar.*
- *É que eu...*
- *Você, o quê, meu filho?*
- *Eu queria... Eu gostaria... Bem, eu tinha vontade de seguir a carreira...*

A inibição me impediu de acrescentar "*diplomática*". Era para ele me orientar nos austeros corredores do Itamaraty. Paschoal pôs a sua mão amiga no meu ombro e arrematou a conversa.
- *Então apareça no dia tal, às tantas horas, no Teatro do Estudante do Brasil.*
Confesso que na hora não atinei bem o que tinha a ver o Itamaraty com o Teatro do Estudante do Brasil.
Só mais tarde vim a saber que, para ele, Paschoal, carreira só existe uma, rimando com seu próprio nome – teatral...
Na data marcada, lá estava eu, muito espantado, preenchendo uma ficha e tomando conhecimento de que iam escolher, por concurso, o elenco da maior tragédia que já se escreveu – ***Hamlet***, de Shakespeare. Mais espantado ainda fiquei quando me chamaram e me vi diante de algumas dezenas de juízes – entre eles a nossa inesquecível Cecília Meireles – tendo por trás algumas centenas de outros candidatos. Pensei: Afinal, nada tenho a perder. Mesmo que me dêem o menor papel da peça, esta é a última oportunidade que tenho de pisar num palco. E abri, ao acaso, o livro que haviam enfiado na minha mão... Era, justamente, a parte mais importante da tragédia, o monólogo ***To be or not to be***, talvez a página mais famosa de toda a literatura teatral.

Cenas de Romeu e Julieta, *com o elenco do Teatro Universitário*

Então, já não foi só espanto. Foi surpresa, medo, alegria, dúvida, tudo misturado. Eu passara no teste e ganhara o papel do protagonista, o próprio Hamlet, Príncipe da Dinamarca, um dos personagens mais complexos de quantos já foram criados. Ensaiamos vários meses. No dia 15 de Dezembro de 1947 me formei, sonhando com a nossa embaixada em Paris... A de Washington também servia...

Mas três semanas depois, num Dia de Reis, 6 de Janeiro, estreei como Hamlet. Já no dia 7 tudo era bem diferente... Nunca houve uma carreira de advogado ou de diplomata mais curta do que a minha: durou exatamente três semanas. Eu sempre quisera ser ator. Tinha agora a prova de que podia ser ator. Não demorou muito para chegar à conclusão de que devia ser ator. E conjugando esses três verbos – querer, poder e dever – sou ator até hoje, com a graça de Deus".

(Rio de Janeiro, 1972)

Diante dessa declaração, que nega tudo o que havia escrito antes, paira a dúvida: teria ele sempre desejado, em seu íntimo, ser ator (então por que não procurou companhias profissionais?) ou foi levado ao palco realmente por acaso? Não podemos esquecer que os padres sempre usaram o teatro como arma de catequese e, se influência houve nesse sentido, concretizou-se durante o ensino em escolas religiosas. Seu interesse pelo teatro teria então se iniciado na escola.

Teatro do Estudante do Brasil

O sucesso do ***Hamlet*** repercutiu no Brasil inteiro. Jornais e revistas abriram manchetes falando do surgimento de um grande ator, com imenso carisma, que conseguiu, durante meses, lotar diariamente o Teatro Fenix e, em seguida, o Teatro República do Rio de Janeiro, representando um texto clássico, dificílimo para o público.

Os críticos não regatearam elogios à figura do príncipe dinamarquês. A energia física necessária para interpretar durante quase 4 horas subindo e descendo escadarias - quase voando - parecia impossível para alguém tão frágil fisicamente. A incrível elegância, os gestos, a voz forte e clara, de dicção perfeita, a segurança em cena, foram ressaltados por todos.

"Não houve até hoje mais estrepitosa revelação de ator que a de Sérgio Cardoso" (Sábato Magaldi)

"A esta altura Sérgio já era um nome nacional, projetado do anonimato à celebridade com uma presteza de que talvez não haja outro exemplo na história do teatro universal" (Décio de Almeida Prado)

Recebeu o prêmio de ***Revelação de Ator*** de 1948 pela *Associação Brasileira de Críticos Teatrais.*

Paschoal procurou aproveitar, ao máximo, o sucesso. Chegou a cogitar na transformação do grupo em uma companhia profissional. Pretendia levar o espetáculo a todo o Brasil, mas conseguiu apresentá-lo apenas em Niterói, Campinas, Santos e São Paulo. A reação das várias platéias foi idêntica. Os jovens atores saíram consagrados: Maria Fernanda, Bárbara Heliodora, Sérgio Britto, Pernambuco de Oliveira, Nilson Penna, Luís Linhares, Wilson Grey prosseguiram em suas carreiras com sucesso. Em São Paulo, Bárbara seria substituída por Cacilda Becker, que já pertencera ao Teatro do Estudante e, na época, trabalhava em Rádio.

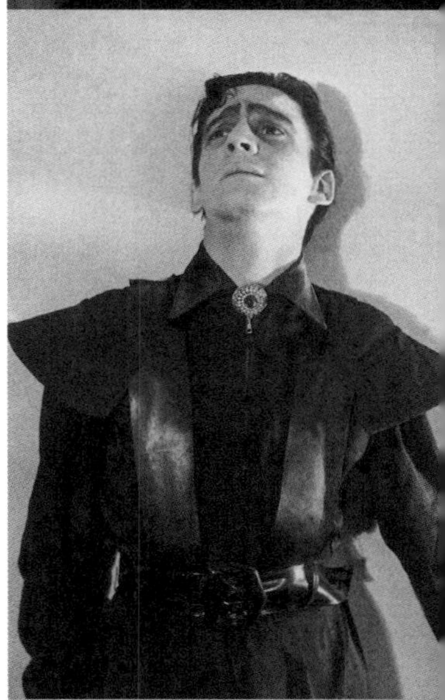

Nada nele chamava a atenção, nada fazia desconfiar, nem de longe, que no palco do Teatro Municipal de São Paulo esse rapazinho, aparentemente tão tranqüilo e comum, se transformaria completamente, tornando-se um feixe de nervos, uma corda esticada e vibrante, uma tocha acesa. Durante três horas transformava-se por completo. Quem estava subindo e descendo as escadarias daquele palco não era o bacharel Sérgio Cardoso. Era Hamlet, Príncipe da Dinamarca, arrastando suas dúvidas, sua vingança, sua loucura e sua lucidez. (*Texto, escrito por mim, no programa de inauguração do Teatro Sérgio Cardoso, em São Paulo.*)

Teatro do Estudante

no

Teatro Fenix

Em Janeiro de 1948

PASCHOAL CARLOS MAGNO

APRESENTA

"Hamlet"

de Shakespeare, em tradução de Tristão da Cunha

DIREÇÃO:

HOFFMANN HARNISCH

ASSISTENTE:

JACY CAMPOS

Cenários:

PERNAMBUCO DE OLIVEIRA

Orquestra:

WALTER SCHULTZ PORTOALEGRE

Assistente:

JOÃO AUGUSTO

Indumentária: — Figurinos de PERNAMBUCO DE OLIVEIRA executados por D.ª AUGUSTA GILL.

Ponto:	*Alvaro Costa*
Contra-regra:	*Jaime Soares*
Eletricistas:	*Manuel Dias da Costa* e *Casimiro Santos*
Maquinista:	*Antonio Alves de Souza*
Cabeleiras:	*Assis*
Caracterização:	*José Jansen*
Publicidade e Secretaria:	*Aureo Nonato*

"Cada teatro de estudante é uma escola improvisada de cultura, permitindo que se forme em cada um de seus elementos todas as personalidades do teatro: autor, ator, diretor, cenógrafo, crítico e a mais importante de todas: do espectador."

PERSONAGENS

(POR ORDEM DE ENTRADA)

Francisco.	*Carlos Alfredo* (Do "Teatro da União Fluminense de Estudantes")
Bernardo	*José Valluzi*
Marcelo	*T. Zanotta*
Horácio.	*Sergio Brito*
Espectro.	*Elysio de Albuquerque*
Hamlet.	*Sergio Cardoso*
Claudio.	*Ary Palmeira*
Ofelia.	*Maria Fernanda*
Polonio.	*Antonio Ventura*
Laertes.	*Luís Linhares*
Gertrudes.	*Carolina Sotto Mayor*
Rozencrantz.	*Sergio de Albuquerque e Silva*
Guildestern.	*Pedro Henrique*
Primeiro Comediante — (Rei da Comédia)	*Carlos Couto* (Diretor do "Teatro da União Fluminense de Estudantes")
Segundo Comediante — (Prólogo e Luciano)	*Nilson Penna*
Rainha da Comédia	*Irmgard Müller*
Sacerdote.	*João da Mata*
Primeiro Coveiro	*Tarquinio Lopes*
Segundo Coveiro	*Wilson Ribaldo*
Osric.	*Ambrosio Fregolente*
Fortimbraz.	*Pernambuco de Oliveira*
Damas:	*Ana Maria, Daisy Del Negri, Lais Peres*
Pagens:	*Paula Lima, Ubirajara Azevedo*
Nobres:	*Alfredo Nunes, Helio Jones*
Soldados:	*Wilson Rodrigues, Carlos Augusto, Paulo Vieira, Walter de Almeida, José Zanotta, Walter Gonçalves*

Comparsaria sob a direção de CARLOS COUTO
Auxiliar de contra-regra — JOSÉ ZANOTTA

Música especialmente escrita para "HAMLET" pelo maestro
Walter Schultz Portoalegre

A SEGUIR:

"A CASTRO," de *Antonio Ferreira*, adaptação de Julio Dantas — Direção de Paschoal Carlos Magno e Agnes Cladius — Cenários de Pernambuco de Oliveira — Figurinos de Agostinho Olavo — Concurso do "Coral Lutecia" e "Conjunto Coreográfico Brasileiro."

"ANTIGONA" — de *Sofocles* — Direção e cenários de Hans Sachs — Figurinos de Sergio Cardoso — Côro pelo "Teatro Escolar do Externato Pedro II"

EM PREPARAÇÃO:

"ELECTRA NO CIRCO," de *Hermilo Borba Filho*, direção de Adacto Filho; Três peças em um ato de Martins Pena, direção de Ester Leão.

Com Carolina Sotto Ma

Com Maria F

Com Cacilda Becker

O elenco do Teatro do Estudante, entre eles Sérgio Britto e Maria Fernanda

Teatro dos Doze

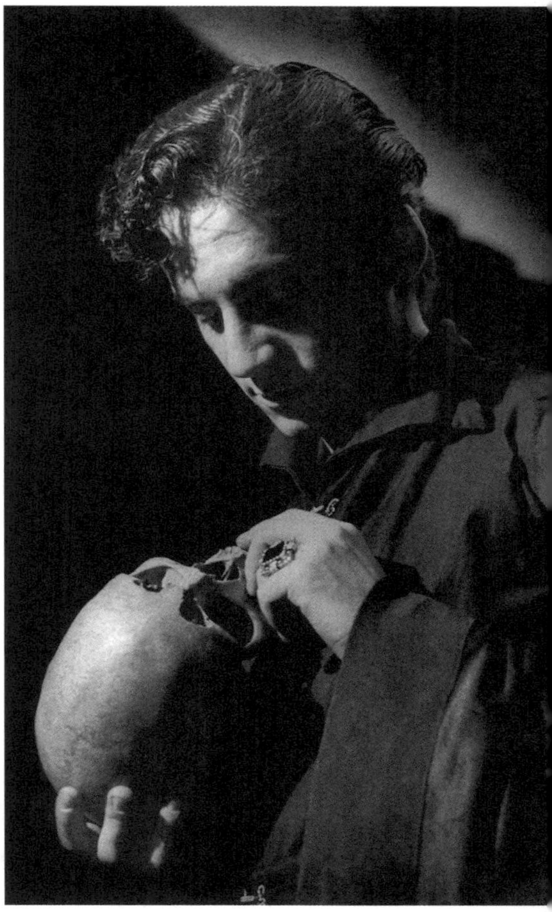

Sérgio mergulhou de cabeça na nova vida. Sua ambição empurrava-o para cima; era preciso ousar mais, sempre mais. E ele foi mais além. Queria realmente se profissionalizar. Como Paschoal, cheio de compromissos, não conseguiu levar adiante o sonho da Companhia, Sérgio, com um grupo de colegas, fundou o ***Teatro dos Doze***. Estavam todos contagiados pelo sucesso de ***Hamlet***; quem estava empregado se demitiu, para todos juntos partirem para a realização de um sonho. Participaram dessa aventura Sérgio Britto, Luís Linhares, Jaime Barcelos, Elysio de Albuquerque, Zilah Maria, Beyla Genauer, Fregolente, Jaci Campos, Carlos Couto, entre outros.

Estrearam no Teatro Ginástico do Rio de Janeiro com uma nova montagem do ***Hamlet***, dirigida pelo mesmo Hoffmann Harnisch, aproveitando a imensa repercussão do espetáculo do TEB. Novamente a peça lotou o teatro. A eles juntou-se um jovem diretor italiano, há pouco chegado no Brasil: Ruggero Jacobbi, que dirigiu o segundo grande sucesso da carreira de Sérgio: ***Arlequim – Servidor de Dois Amos***, de Carlo Goldoni.

Já no início da carreira, Sérgio começou a revelar suas múltiplas facetas. Foi o responsável pelo cenário e pelos figurinos da nova montagem do ***Hamlet***. Já no ***Arlequim***, surpreendeu o público com o humor e a leveza de um comediante e a agilidade de um bailarino.

O seu Arlequim era, em tudo, uma criação oposta à do soturno príncipe da Dinamarca. Nesse mesmo ano foi convidado pelo Serviço Nacional de Teatro a participar de um espetáculo beneficente, dirigido por Dulcina de Moraes, uma das maiores atrizes e diretoras da época.

Sérgio e Beyla Genauer em cenários e figurinos criados por ele para Hamlet

Tratava-se de ***A Família e a Festa na Roça***, de Martins Pena, a ser levado uma noite no Teatro Ginástico, e protagonizado por todos os primeiros atores da época. Lado a lado com as grandes figuras que tanto admirava, não desmereceu. De repente, era um caipira desdentado, encabulado, sem nada que lembrasse o jovem elegante das peças anteriores.

Dedicou-se também ao teatro infantil, em ***Simbita e o Dragão***, que Lúcia Benedetti escreveu especialmente para ele - ***Simbita*** era seu apelido de infância - mais uma vez desenhou cenários e figurinos. Criou uma figura infantil que se comunicava de tal maneira com as crianças que era difícil crer fosse aquela a sua primeira experiência no gênero.

Quando a terceira peça, ***Tragédia em Nova York***, de Maxwell Anderson, não atingiu o mesmo sucesso das anteriores e a direção do Serviço Nacional de Teatro, que havia se comprometido a ceder-lhe o teatro por mais três meses, voltou atrás em sua promessa, Sérgio não teve outra saída a não ser desmanchar a Companhia. Ficou com as dívidas e uma terrível sensação de fracasso.

Ninguém no Rio de Janeiro lhe estendeu a mão. Foi de São Paulo que chegou a ajuda inesperada. Franco Zampari, diretor do ***Teatro Brasileiro de Comédia***, que há longos anos acompanhava o movimento teatral no Brasil, propôs assumir o pagamento de todas as dívidas do Teatro dos Doze e contratar Sérgio por dois anos, descontando uma parcela do ordenado mensal até liquidar a dívida toda. Sérgio, feliz por não dever mais nada no Rio e por participar do Elenco Permanente do TBC, mais feliz ainda ficou ao saber que Ruggero Jacobbi também iria para São Paulo, contratado como diretor, tanto no Teatro como na ***Companhia Cinematográfica Vera Cruz.***

Arlequim - Servidor de Dois Amigos

A Família e a Festa na Roça

Simbita e o Dragão

Tragédia em nova York

Há na juventude de Sérgio uma faceta nunca revelada, a de um poeta. Nunca fez alarde do que escrevera em momentos atormentados de sua vida, mas restam quase 20 poesias, sem data, mas muito reveladoras de sua sensibilidade e seu talento.

O poeta Péricles Eugênio da Silva Ramos as leu na década de 80 e disse que *... foi o mesmo que ministrar-me um trago duplo de surpresa e espanto... Tenho por mim que esses versos são anteriores à realização teatral de Sérgio, até hoje o nosso maior intérprete de Hamlet... Como ator, Sérgio só poderia estar de bem com a vida, pois atingiu o grau máximo que um ator pode alcançar no Brasil. Não obstante, aí está a sua poesia. Uma poesia sofrida, a escorrer sangue; ou melhor, a converter em noite um pensamento que deveria ser solar.*

Poema da Minha Morte

Quando eu morrer,
os vermes hão de vir fartar-se em minha boca
e, chiando de prazer,
saciarão sua fome louca
em meus lábios e minha língua,
fervilhando de gozo, morderão...
Depois, meu coração
será também servido
nesta bacanal
sem que eu solte um único gemido.
Mas, quando tudo afinal
estiver terminado,
quando, fartos de mim,
tiverem todos partido,
só, completamente só
enfim,
quase de novo transformado em pó,
quase de novo nada,
descansarei na eternidade,
levando como prova da passagem por aqui,
como sinal de que vivi,
minha boca escancarada
numa larga gargalhada...

Teatro Brasileiro de Comédia

Em fins de 1949, teve início a verdadeira escola de teatro de Sérgio Cardoso. Nos três anos seguintes, dirigido por cinco diretores europeus, todos formados em Escolas de Arte Dramática e muito diferentes entre si, pôde interpretar todo tipo de papel, desenvolvendo suas habilidades inatas, disciplinando-as. Apararia arestas, enriqueceria conhecimentos artísticos e técnicos, burilaria seu talento, tornando realidade a promessa que a estréia de Hamlet profetizara.

A mudança para São Paulo, apesar de todas as vantagens já apresentadas, não foi tão fácil. Ambiente diferente, bastante fechado, onde Sérgio era uma espécie de intruso, vindo de um outro mundo, com hábitos diferentes, primeiro ator absoluto, mimado pela crítica carioca.

Aqui teria que se igualar a outros colegas, também talentosos, mas reduzidos a um quase anonimato pela línea assumida pela direção do Teatro, que só ressaltava os nomes dos diretores e da primeira atriz.

A galeria de tipos que apresentou nos três anos que passou no TBC é impressionante, principalmente se lembrarmos que ele só tinha vinte e poucos anos.

Vinte e três de novembro de 1949. A estréia de ***O Mentiroso,*** de Carlo Goldoni, traduzido e dirigido por Ruggero Jacobbi, foi o primeiro passo. Interpretando um texto de *Commedia dell'Arte*, cercado de todos os cuidados existentes em uma companhia profissional, dirigida por um empresário competente e sem preocupações financeiras, Sérgio pôde dedicar-se apenas à sua interpretação. E o fez de maneira primorosa.

Ator clássico por excelência, estava à vontade nos trajes elegantes que o cenógrafo Aldo Calvo criou para a peça, e no cenário mágico que parecia flutuar a cada mudança de cena, rodopiando sobre dois palcos giratórios. O público sempre exigente das estréias do TBC ovacionou sua entrada em cena. Até hoje, quem assistiu à peça considera-a uma das mais perfeitas já apresentadas pela Companhia e a maior direção de Ruggero Jacobbi. A presença forte de Sérgio alavancou o elenco. Ele sempre exigia o máximo de si mesmo e com isso obrigava os outros atores a aprimorar suas interpretações.

Entre Quatro Paredes, de Jean-Paul Sartre - o papa do existencialismo na França -, foi a segunda peça em que ele atuou no TBC. Para um público habituado à sua tão decantada elegância em cena, foi uma surpresa. A figura repelente de Garcin, o covarde traidor, em nada lembrava as interpretações anteriores. Adolfo Celi, ao dirigir a peça, exigiu realismo total das personagens e uma violência que beirava o paroxismo.

Mais uma vez Sérgio saiu-se bem. Havia só quatro atores em cena: Sérgio, Cacilda Becker, Carlos Vergueiro e eu. A claustrofóbica encenação atingiu em cheio a platéia com um impacto incomum. ***"Sérgio surge agora, mostrando nova faceta de seu pujante temperamento"*** (Nicanor Miranda) ***"Garcin inexcedível"*** (Guilherme de Almeida)

Acompanhava a montagem de ***Entre Quatro Paredes*** um ato de Checov, ***Pedido de Casamento***, também dirigida por Celi, com Cacilda, Waldemar Wey e Sérgio. Uma farsa leve, que desanuviava o ambiente pesado da peça anterior. Sérgio, que adorava papéis caricatos, criou um personagem cheio de tiques, muito engraçado.

Entre Quatro Paredes

Com Cacilda Becker e Nydia Licia

Em *Os Filhos de Eduardo*, de Marc Gilbert Sauvajon, direção de Ruggero Jacobbi e Cacilda Becker, e participação de todo o elenco permanente do TBC, coube-lhe o personagem Jan Letzaresko, pianista polonês megalomaníaco. Embora se tratasse de um papel secundário, ***"a presença do ator era tão forte que dominava quase todas as cenas em que aparecia"*** (Fernando Faro)

Na controversa montagem de ***A Ronda dos Malandros***, de John Gay, cujo texto inspirou Bertold Brecht a escrever ***A Ópera dos Três Vinténs*** - mas cuja temporada no TBC não passou de duas semanas -, viveu o Capitão Mac Heath, chefe do bando de ladrões de Soho. A direção foi de Ruggero Jacobbi.

Com Cacilda Becker e Nydia Licia

No dia 29 de maio de 1950 realizou-se, no saguão do TBC, o primeiro casamento de atores da Companhia. Sérgio e eu nos casamos, sendo seus padrinhos Ruggero Jacobbi e Carla Civelli, e os meus, Yolanda Penteado e Ciccillo Matarazzo. Foi uma reunião de parentes, amigos e jornalistas. Em menos de dois anos se realizariam mais quatro enlaces de colegas.

A Importância de Ser Prudente, de Oscar Wilde, foi a primeira direção de Luciano Salce no Brasil. O papel de Algernon, o protagonista, é um desafio para qualquer jovem moderno. Necessita de muito estudo, muita pesquisa para conseguir transformar-se em ***"um snob, um dandy inglês do século passado, inconsistente, volúvel e hipocritamente descuidado"*** como Salce definiu no programa.

Em ***O Anjo de Pedra***, de Tennessee Williams, Sérgio aparecia apenas na última cena da peça, interpretando um caixeiro viajante. Era um papel propositadamente pequeno, pois, ao mesmo tempo, trabalhava como assistente de direção de Luciano Salce. Sempre que possível, procurava estar próximo dos diretores e absorver conhecimentos de direção.

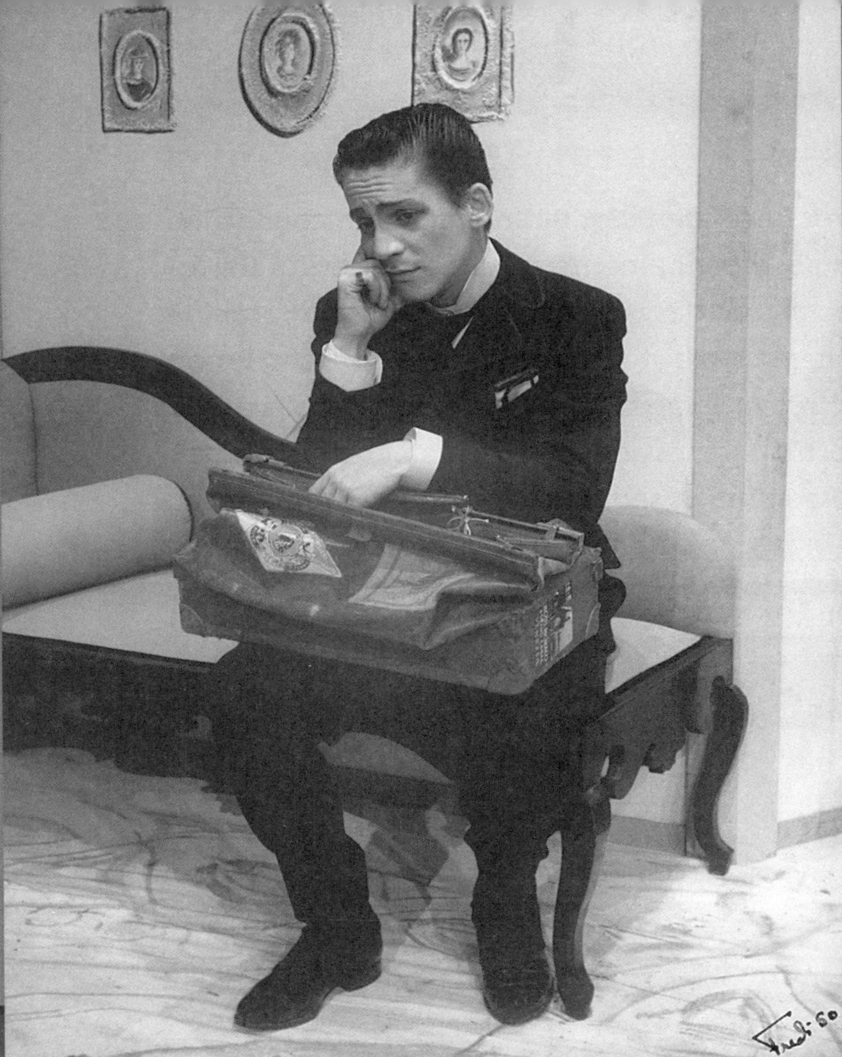

Com Elizabeth Henreid, Waldemar Wey e Nydia Licia

O ***Homem da Flor na Boca***, de Luigi Pirandello, com cenário de Josef Guerreiro e acompanhamento musical de Inezita Barroso, apresentada no ***Teatro das Segundas-feiras*** sob a direção de Ziembinski – de quem também foi assistente de direção –, proporcionou a Sérgio o primeiro contato com o tão controvertido autor italiano. Trabalhando ao lado do mestre polonês adquiriu um maior conhecimento técnico; foi com ele que apreendeu os segredos de uma boa iluminação.

ɔm Ziembinski

ɔm Elizabeth Henreid

Em ***Do Mundo Nada se Leva***, comédia americana de Moss e Hart, direção de Salce, Sérgio foi obrigado a representar o papel que mais detestava: o do galãzinho moderno.

Em ***O Inventor do Cavalo***, farsa de Achille Campanile, Sérgio teve sua primeira chance de criar um cenário no TBC. Acompanhando a linha de direção de Luciano Salce, criou um ambiente fantasmagórico, figurinos e objetos de cena caricaturais. Sua criação exótica de ***O Poeta Maldito*** foi muito elogiada. ***"Deliciosa caricatura"*** (*Folha de S. Paulo*)

Da esquerda para a direita Frank Hollander, Luiz Calderaro, Haroldo Gregori, Renato Consorte, Waldemar Wey, A. C. Carvalho, Nydia Licia, Carlos Vergueiro, Rachel Moacyr e Sérgio Cardoso

Seis Personagens à Procura de um Autor proporcionou um novo encontro com Pirandello. Ao lado de Cacilda Becker e Paulo Autran, e dirigido por Adolfo Celi – por sinal siciliano, como o autor –, Sérgio construiu um PAI de tal maneira visceral e dramático que lhe valeu os mais calorosos elogios da crítica paulista e carioca. Pela primeira vez um programa do TBC dedicou-lhe um pequeno artigo , declarando que ***"com essa interpretação Sérgio Cardoso firma-se, definitivamente, como um dos maiores artistas do teatro nacional".***

Sérgio e uma caricatura dele em Seis Personagens...

Com Cacilda Becker e Rachel Moacyr

Poucos meses mais tarde, a Companhia do Teatro Italiano, dirigida por Luigi Squarzina e tendo como intérprete principal Vittorio Gassman, levou no Teatro Municipal a mesma peça. Crítica e público foram unânimes em afirmar que o espetáculo do TBC nada ficou a dever ao dos italianos.

Com Vittorio Gassman

Após o drama pirandeliano nada melhor do que uma ***pièce rose*** de Jean Anouilh: ***Convite ao Baile***. Uma nova empreitada o aguardava: representar os dois gêmeos Horácio e Frederico, absolutamente idênticos no físico e totalmente diferentes no caráter. O importante era que o público percebesse instantaneamente de quem se tratava. Não havia nada que os diferenciasse, a não ser a interpretação do ator.

"Sérgio alternou os dois temperamentos opostos com uma superioridade de grande ator". (*Revista Anhembi*)

Com Elizabeth Henreid

…o de Convite ao Baile

R**alé*, de Máximo Gorki, dirigida por Flaminio Bollini Cerri, foi um desafio quase insuperável. Representar um ator que fora um intérprete do ***Hamlet, mas não no papel do Príncipe dinamarquês e sim no do Coveiro, e que ainda por cima é um bêbado fracassado, foi extremamente difícil. O espetáculo foi televisionado diretamente do palco do TBC pela TV Tupi, Canal Três, direção de Cassiano Gabus Mendes.

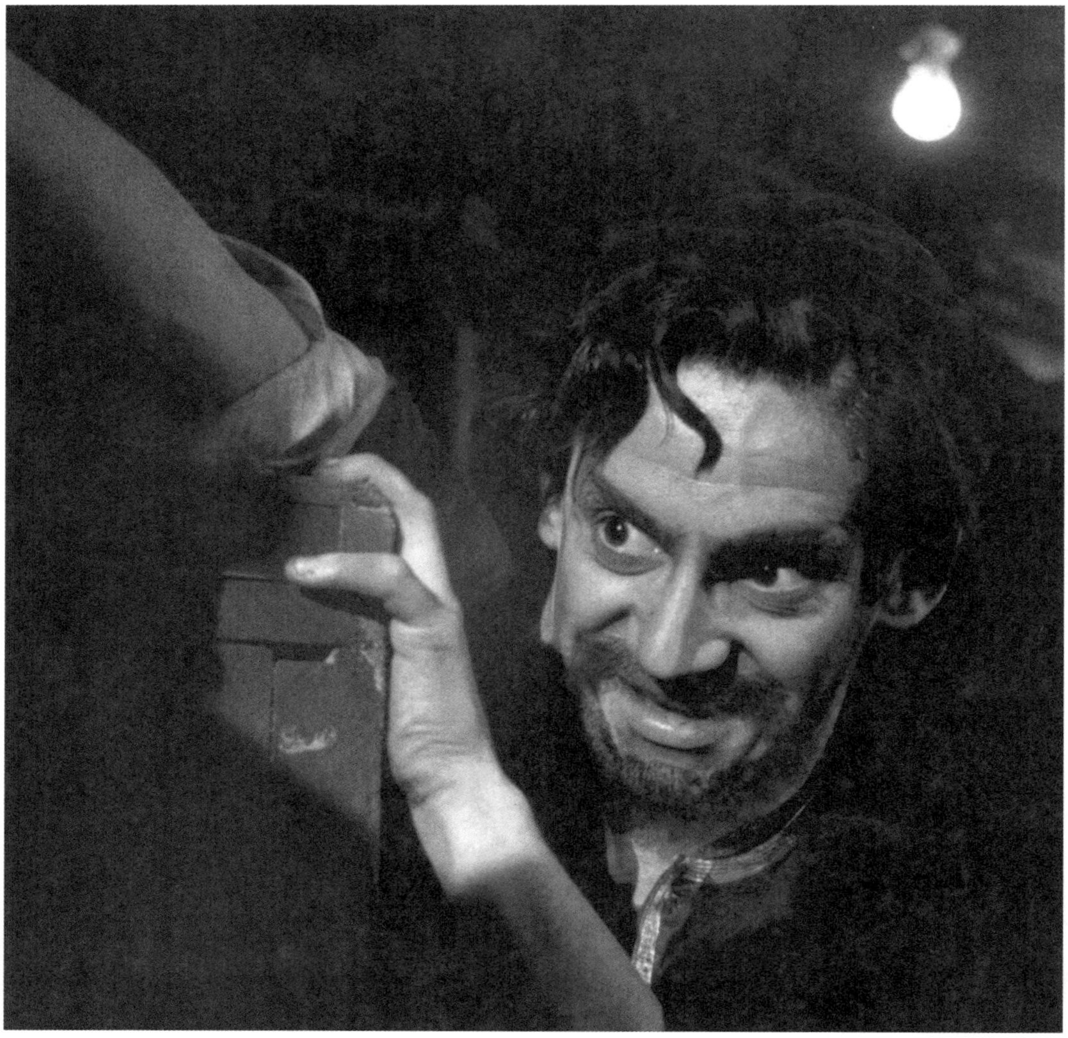

Em 1952, um encontro com Getúlio Vargas, no Catete. Para agradecer, em nome do TBC, à outorga da Ordem do Cruzeiro do Sul a Ziembinski, em seu jubileu de prata como ator. Fomos com Rubens de Falco e Maurício Barroso.

D*iálogo de Surdos*, de Clô Prado, direção de Bollini, foi a primeira peça nacional que Sérgio representou no TBC. O papel do jovem ***"emurado dentro de si mesmo",*** como o definiu a autora, foi escrito especialmente para ele.

"... e acaba por impor-se inteiramente por atravessar, sem qualquer descaída, uma das situações mais fáceis de cair no convencional: a do acesso de loucura em cena". (Décio de Almeida Prado)

Inimigos Íntimos, de P. Barrillet e J.P. Grédy, foi um oásis para os atores de tantos dramas no TBC. Comédia moderna, simples, agradável, ofereceu aos seus intérpretes ***"a possibilidade de serem eles mesmos."*** (o diretor Luciano Salce)

Com Cacilda Becker

Num mesmo espetáculo, Adolfo Celi dirigiu a ***Antígone*** de Sófocles e a de Jean Anouilh. Nas duas Sérgio foi o ***Mensageiro*** que na tragédia grega entra no final da peça e num monólogo altamente dramático narra as mortes acontecidas fora de cena, compadecendo-se delas. No drama moderno, transmite os acontecimentos quase num tom de reportagem.

"Sérgio e Ziembinski valorizaram ao máximo seus papéis com interpretações perfeitas". (Clóvis Garcia)

A última peça de Sérgio no TBC foi ***Vá com Deus***, de John Murray e Allen Boretz, direção de Flamínio Bollini Cerri, com assistência de direção de Antunes Filho. O papel de Gordon Miller permitiu uma criação na linha de Groucho Marx, escancaradamente vigarista, totalmente Século XX. A melhor apresentação foi a da despedida, em que o diretor permitiu o "enterro" da peça e Sérgio, Ziembinski, Cleyde Yaconis, Joseph Guerreiro e todos os atores improvisaram com muito humor. No fim do espetáculo, Maurício Barroso, em nome de todo o elenco, nos desejou sucesso em nossa ida para a ***Cia. Dramática Nacional***, com um sonoro: ***"Vá com Deus... e volte logo"***.

O Dr. Franco Zampari, num gesto senhoril, entregou a chave do camarim a Sérgio, dizendo que, em qualquer momento em que quisesse voltar para São Paulo, só haveria de entrar no teatro, pendurar o paletó e dizer: ***"Voltei para trabalhar"***.

A 13 de setembro de 1952, nasceu Sylvia Luisa, nossa filha, a quem Sérgio amou profundamente e de quem escreveu, três dias antes de sua morte:

"Dizem que alguém só se realiza na vida depois que faz três coisas: tem um filho, planta uma árvore e escreve um livro. Árvores, já plantei muitas. Livro, o que já escrevi talvez desse para publicar um volumezinho de uma dezena de páginas... Mas, mesmo que eu morasse no deserto do Saara e fosse analfabeto, analfabeto de não saber nem assinar o nome em X, bastaria Sylvia, para que eu me sentisse plenamente realizado. Sylvia é tudo para mim. Ótima filha, ótima estudante. Gente".

Companhia Dramática Nacional

O convite do Serviço Nacional de Teatro, órgão do Ministério de Educação e Saúde, para voltar ao Rio de Janeiro, foi recebido por Sérgio com entusiasmo.

Ele tinha saudade do Rio de Janeiro e do público de lá. Embora reconhecendo a importância de sua estada no TBC, via poucas oportunidades futuras no elenco. Jamais chegaria a dirigir, que era o que mais lhe interessava e também nos últimos tempos suas chances como ator tinham diminuído muito. Os últimos papéis não tinham sido tão importantes e desafiadores como no início, e ele precisava de novos desafios.

A ***Companhia Dramática Nacional*** lhe oferecia o papel de protagonista nas três peças a serem apresentadas e a possibilidade de dirigir uma delas. Além disso, tratava-se de um repertório exclusivamente brasileiro, o que por si só teria sido suficiente para Sérgio aceitar o convite.

Foi uma aventura arriscada, porque a Companhia só tinha sido criada no papel; a verba ainda não existia oficialmente, mas nem por isso seu entusiasmo esmoreceu. Afinal seria ***"a primeira experiência de um elenco oficial estável, destinado ao aproveitamento e seleção dos valores artísticos brasileiros".***

Os três textos eram de autoria de Nelson Rodrigues, Guilherme de Figueiredo e Raymundo Magalhães Jr. e os três diretores seriam, respectivamente, José Maria Monteiro, Bibi Ferreira e Sérgio Cardoso.

Três peças ensaiadas ao mesmo tempo, num trabalho exaustivo que ia das 9 da manhã à meia-noite. Após a temporada de estréia no Teatro Municipal do Rio de Janeiro, em junho de 1953, a Companhia se apresentou em Petrópolis, Juiz de Fora, Niterói, Rio de Janeiro (Pça. Tiradentes), Campinas e São Paulo.

A *Falecida*, farsa trágica de Nelson Rodrigues, dirigida por José Maria Monteiro, com cenários de Santa Rosa, foi o primeiro texto levado pela Cia. Dramática Nacional. Apesar de proporcionar boas oportunidades a Sônia Oiticica e Leonardo Villar, para Sérgio não foi uma grande volta aos palcos cariocas.

O público, acostumado a vê-lo em peças de época, estranhou o ator com roupas modernas, falando em gíria; acharam que São Paulo tinha estragado Sérgio, que ele tinha se aburguesado, que não era mais o mesmo. Para tornar convincente o papel de torcedor de futebol, ele até passou a freqüentar o estádio do Maracanã, para estudar o comportamento dos torcedores fanáticos.

Em contrapartida, ***A Raposa e as Uvas***, de Guilherme Figueiredo, dirigida por Bibi Ferreira, cenário e figurinos de Anísio Medeiros, foi aplaudida de pé no Teatro Municipal, numa das maiores ovações já ouvidas num teatro de prosa.

a Licia e Renato Restier

O Rio reencontrava seu ator predileto. Em todas as cidades em que se apresentou despertou o mesmo entusiasmo. O papel de Esopo foi elogiadíssimo, não só pela interpretação, mas também pela composição física do corcunda torto e manco, só que o esforço para manter as pernas dobradas e tortas custou a Sérgio o deslocamento do menisco da perna direita.

"O principal intérprete, Sérgio Cardoso, se impõe nesta ocasião como o maior ator brasileiro, não só de sua geração, mas da atualidade".
(Claude Vincent)

Recebeu o Prêmio de ***Melhor Ator Cômico*** de 1954 da Prefeitura do Distrito Federal. Guilherme de Figueiredo escrevera inicialmente ***A Raposa e as Uvas*** para Procópio Ferreira que, entusiasmado, a incluiu em seu repertório e convidou Sérgio para criar cenário e figurinos. Chegou a iniciar os ensaios, mas, insatisfeito com o elenco, desistiu de montá-la e a cedeu a Sérgio.

Desenhos de Sérgio para figurinos e mobiliário de A Raposa e as Uvas

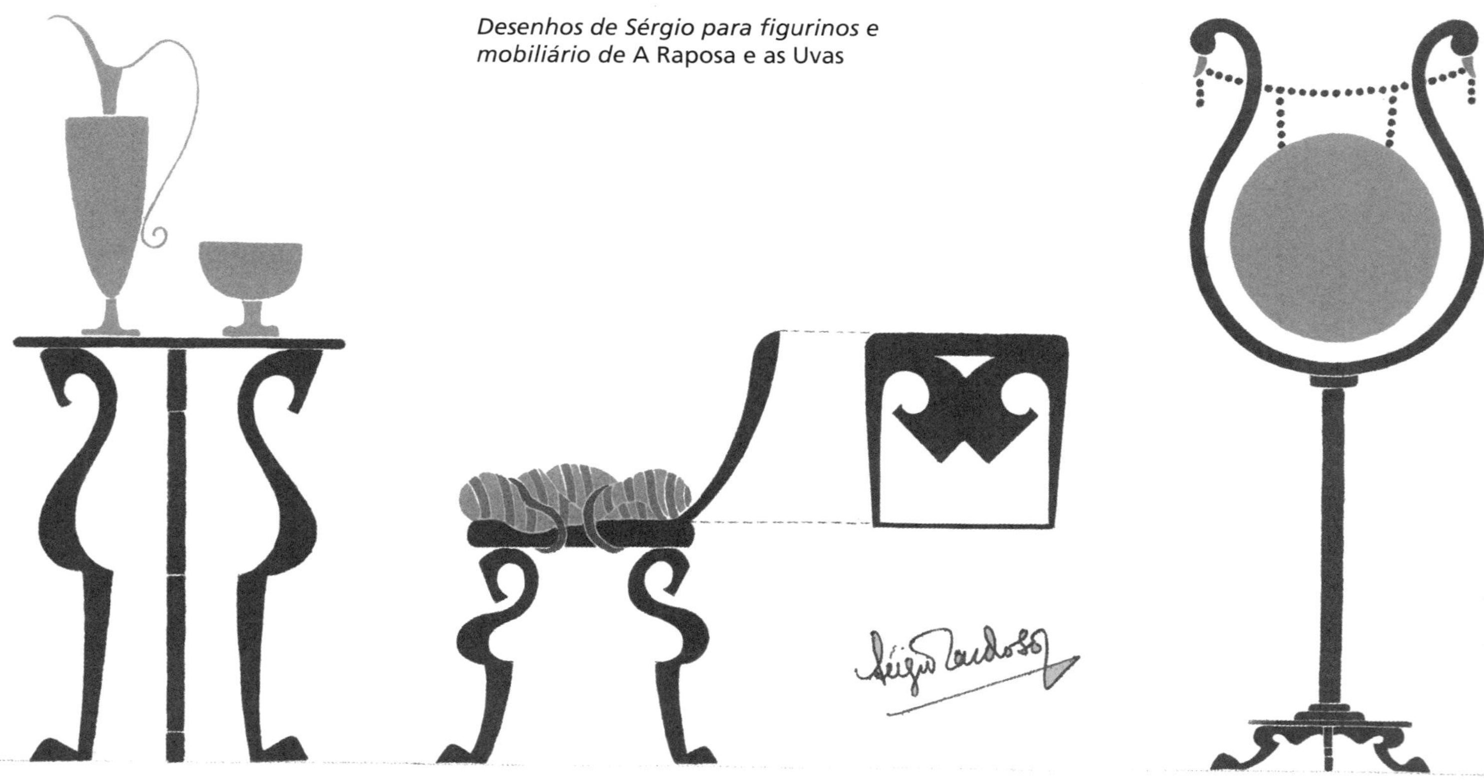

A ***Canção Dentro do Pão***, de Raymundo Magalhães Jr., cenários e figurinos de Nilson Pena, foi a terceira peça e a primeira oportunidade de Sérgio dirigir, um dos motivos mais fortes de sua saída do TBC. Sérgio se preparou cuidadosamente. Dirigiu com firmeza, bom gosto e humor. Nada, no espetáculo, revelava tratar-se de um diretor estreante. Além disso, participou como ator no papel de Jacquot. A crítica e o público receberam-no com muitos elogios.

"Conta nosso teatro agora, em Sérgio Cardoso, além de excelente intérprete, um diretor de amplas possibilidades". *(Revista Anhembi)*

Recebeu o Prêmio de ***Maior Ator Cômico*** de 1954, da Prefeitura do Distrito Federal, pelas duas peças. Em São Paulo recebeu o Prêmio Governador do Estado para ***Melhor Diretor*** de 1954, além do Prêmio Sacy de ***O Estado de S. Paulo***, para ***Melhor Ator*** de 1954 pelas duas peças.

ia Licia e Leonardo Villar

Com Nydia Licia

Na página ao lado e nas segu
exemplos da preparação de S
Cardoso para dirigir
A Canção Dentro do Pão

Roteiro de Luz

1º ato - Palco todo iluminado - Gelatinas + amarelas que segundo.
2º ato - Palco todo iluminado - Gelatinas rosas e branco - Roupas azues.
3º ato - Massaria às escuras
Corredor luz vermelha ouvido de C.
Lanterna na porta em arco. (1)
Palco em azul - noite.
Vela + de Jacqueline - caminhada de Jacqueline até direita. Volta. Vela colocada a esquerda. (2)

Vela de + Guiot. acesa a esquerda. Saída de Guiot pela porta em arco. Volta + de Guiot. Saída de Guiot pelo mesmo lugar.

Só lanterna na porta e vela à esquerda.
Entrada Jean e esbirro - 1 lanterna +. Parada a direita. Entrada 2º esbirro + + na porta. Caminhada Jean até cabide.
Caminhada Jean para esquerda até porta em arco. Caminhada esbirros até cabide e até "caixa" - (efeito por baixo)
Caminhadas esbirros e Jean. 1 lanterna colocada à dir. (3) entre as portas. Caminhada Jean até porta em arco.
avança Jean. Lanterna colocada no centro. (4) (Efeito de baixo ribalta)
Saída Jean com lanterna + azul à direita porta.
Lanterna do centro caminha para a esquerda. Vermelho esquerda - azul centro e direita. Branco lentamente no centro.
Luz sobre tabuleta. (branca?)
acaba - Vermelho - branco - azul

do verme- lho e ...relo agora.

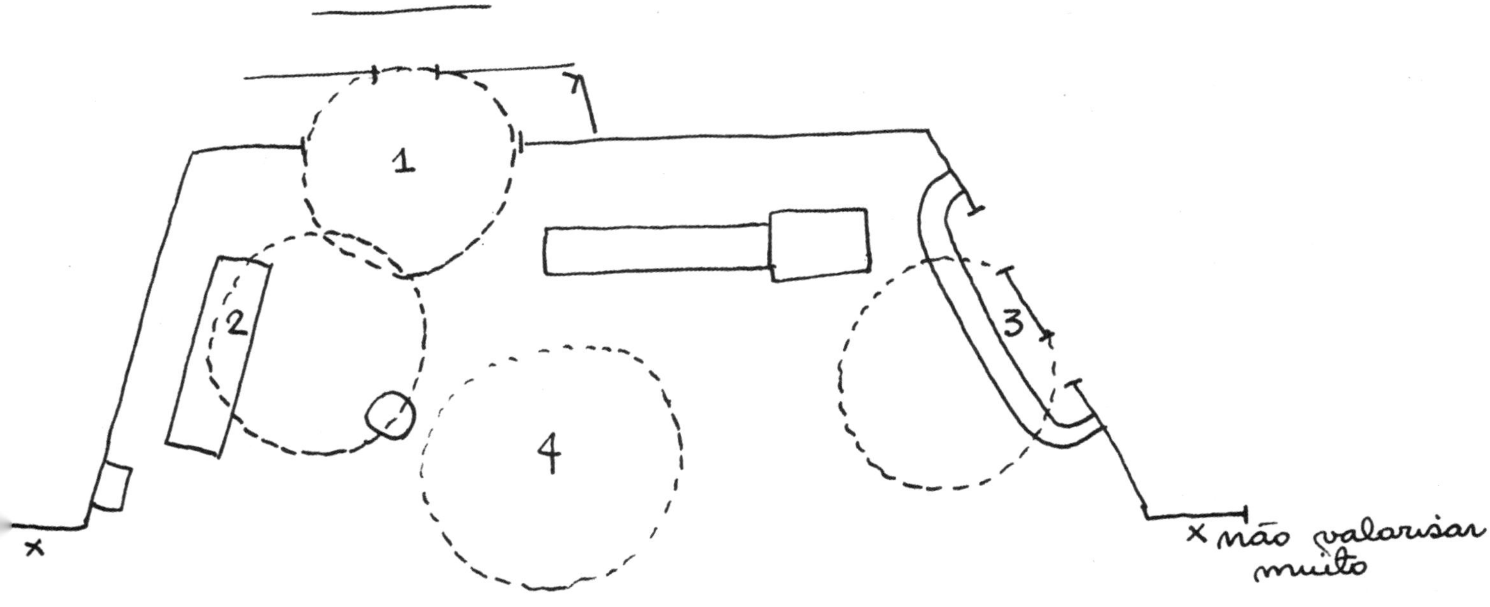

Abre-se o pano durante o MINUETO, em compasso bem marcado, normal; última frase mais rápida e bem conclusiva, para a entrada de Jacquot.

Jacqueline está em cena, sentada atrás da "caixa", conferindo contas. Jacquot vem da padaria, isto é, da massaria, com uma cesta enorme cheia de pães bengala. Pára entre o mostruário à esquerda e a banqueta. Larga a cesta que tem alças longas e por isso não chega a cair no chão. Examina a padaria e fala.

Ela chupa um pirulito.

Disposição igual a da planta. As duas portas à direita estão abertas. Caindo em frente à "Caixa" há duas faixas de papel, uma maior que a outra. A maior atinge o chão.

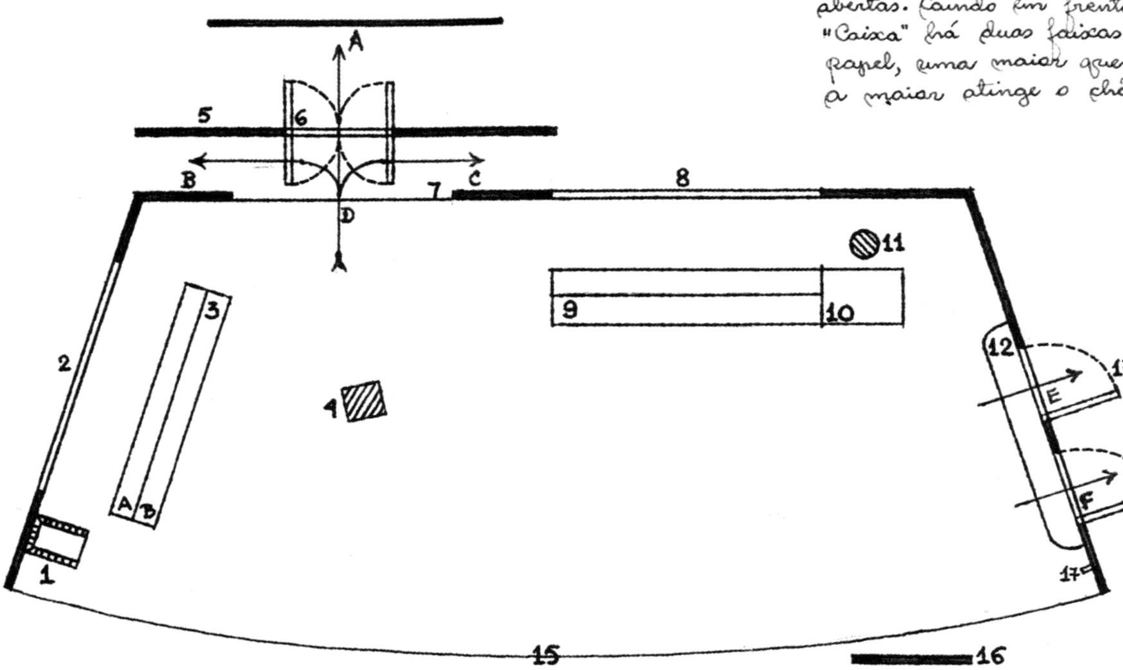

A - Saída para a massaria
B - Saída para o interior
C - Saída para o andar superior
D - Saída atravez da porta em arco
E - Saída para a rua
F - Saída para a rua
1 - Poltrona
2 - Vitrina
3 - Mostruário (2 prateleiras - 1,50 x 50 (A) - 2,00 x 75 (B) - Altura 1,50 (A) - 1,00 (B))
4 - Banqueta
5 - Parede da massaria
6 - Porta em vai-e-vem
7 - Porta em arco, sobre degráu
8 - Vitrina
9 - Mostruário (1 prateleira 1,50 x 50)
10 - "Caixa"
11 - Banqueta
12 - Degráu
13 - Porta para a rua
14 - Porta para a rua
15 - Ribalta
16 - Tabuleta com a inscrição "Monsieur Finot, pasteleiro de Sua Magestade"
17 - Cabide parede

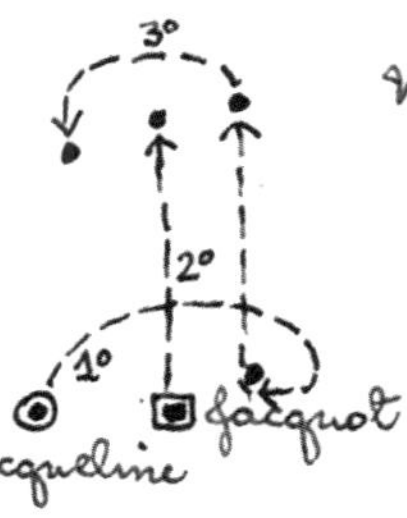

minueto.

Dansa. MINUETO uma oitava acima, em compasso normal, mais leve q. da abertura; última frase ralentada.

PRIMEIRO ATO

×(Ao subir o pano, Jacqueline está em cena, sòzinha, embrulhando pães ou filhoses. Um tempo. Em seguida, entra Jacquot, com as mãos brancas, até aos punhos, de farinha de trigo, como se estivesse enluvado. Está de avental, com as mangas arregaçadas e sem casaco).×

CENA 1

JACQUOT

Ninguém?

JACQUELINE (Conferindo contas) (Pirulito)

Ninguém...

JACQUOT (Pousando a cesta perto do mostruário centro à esquerda)

Pensei que ia aumentar consideravelmente o negócio...

JACQUELINE (Conferindo contas) (Pirulito)

Tão depressa assim?

JACQUOT (Voltando-se para ela)

Por que não? A casa devia estar fervilhando de freguezes. Só a reforma do estabelecimento me custou uma fortuna. Além dis[so] (→ D. além d[...]) (banqueta) há uma semana coloquei lá fóra a placa : "Pasteleiro de Sua Magestade". (Pausa. Senta-se na banqueta) Só se o Rei não é mais tão popular quanto eu supunha...

JACQUELINE (Conferindo contas) (Pirulito)

Devias ter dito "padeiro"...

JACQUOT (Levantando-se rápido)

Eu sou pasteleiro!

JACQUELINE (Olhando Jacquot pela 1ª vez)

Mas é pão que estamos fornecendo às Tulherias. Pão e sòmente pão!

JACQUOT (→ D. até perto "Caixa")

Pão e sòmente pão! Queres me humilhar, heim?

Espetáculos Independentes

Sérgio trabalhou mais uma vez sob a direção de Bibi Ferreira em ***A Ceia dos Cardeais***, de Júlio Dantas. Ao lado de Jaime Costa e do ator português João Villaret, viveu o papel do Cardeal francês Montmorency, no Teatro Municipal do Rio de Janeiro.

Em São Paulo, Villaret seria substituído por Manoel Durães e, numa única apresentação na TV, por Procópio Ferreira.

O ano de 1953 foi o dos primeiros contatos com a televisão. A TV Tupi levou para os estúdios do Sumaré ***A Raposa e as Uvas***, com todo o elenco da Companhia Dramática Nacional.

A TV Record, recém-inaugurada, apresentou durante seis meses ***Um Personagem no Ar***, escrito e dirigido por Sérgio, interpretado por nós dois. Logo depois, ***Romance***, focalizando os grandes amores da História.

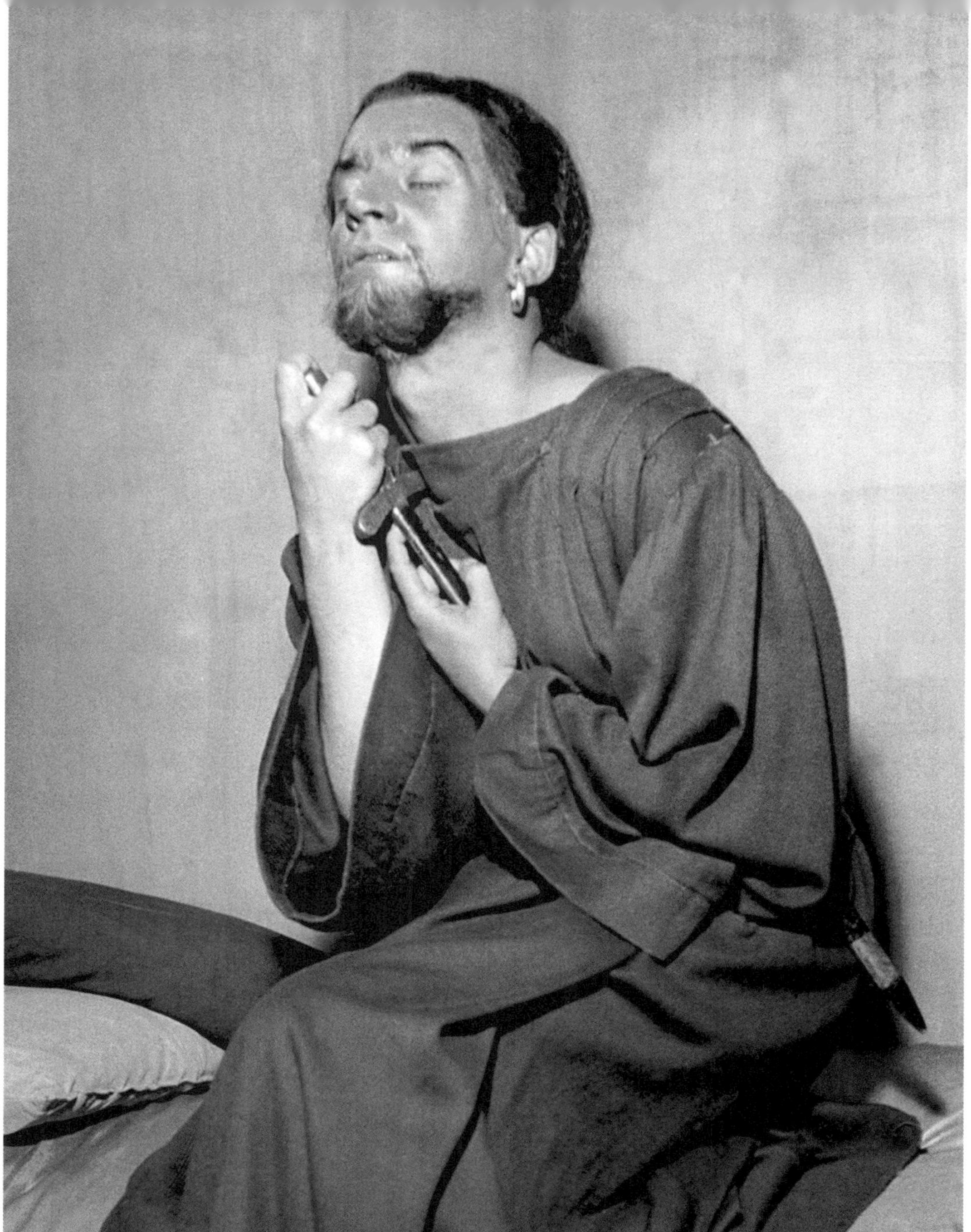

Como Otelo,
em Um Personagem no Ar,
pela TV Record

Como Napoleão,
em Romance,
pela TV Record

Em seguida, ***Toi e Moi***, com Sérgio e Rita Cléos: apresentação diária, na TV Record, de uma poesia do livro de Paul Geraldy, traduzido por Guilherme de Almeida.

Em 1954, Adolfo Celi convidou Sérgio para participar, no TBC, de um espetáculo em homenagem ao IV Centenário da Cidade de São Paulo: ***Leonor de Mendonça***, de Gonçalves Dias. Viveu o papel do Alcoforado.

Com Rita Cléos

Também no ano do Quarto Centenário da Cidade de São Paulo, a colônia italiana ofereceu um espetáculo: ***A Filha de Yorio***, tragédia pastoral de Gabriele D'Annunzio. Dirigida por Ruggero Jacobbi e com numeroso elenco encabeçado por Cacilda Becker, Sérgio, eu, Leonardo Villar, Dina Lisboa e mais vinte atores, foi apresentada durante alguns dias no Teatro de Cultura Artística. Sérgio viveu o papel de Aligi. Só existem fotos de ensaio.

om Leonardo Villar

om Cacilda Becker, Jorge Chaia e Nydia Licia

Com Dina Lisboa

Com a ***Companhia Cacilda Becker*** apresentou-se na TV Record, no ***Teatro Royal***, em várias adaptações de contos e novelas dirigidos por Ruggero Jacobbi.

Com Fredi Kleemann, Cacilda Becker e Cley-de Yaconis

Companhia Nydia Licia Sérgio Cardoso

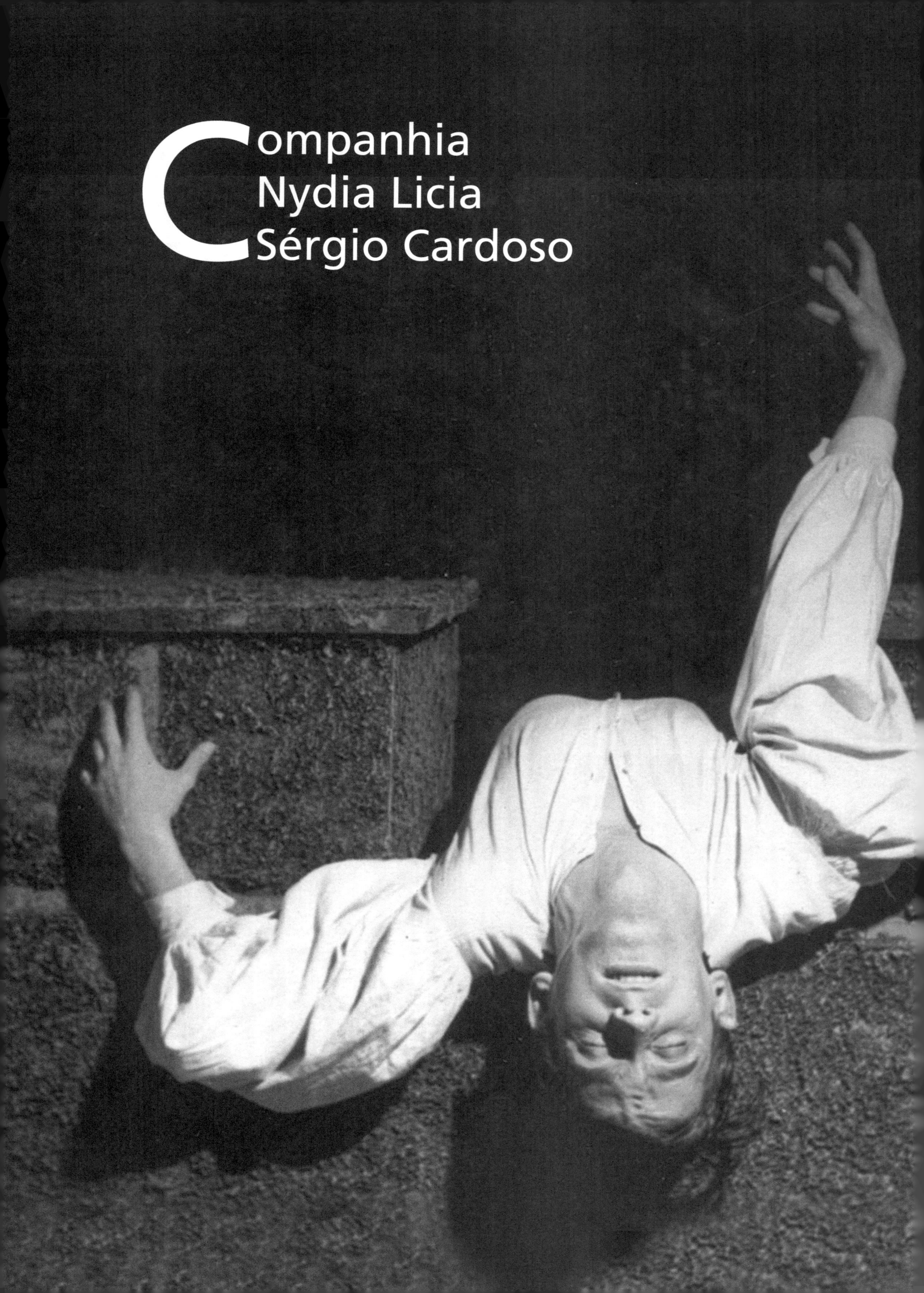

O ano de 1954 foi aquele em que Sérgio e eu descobrimos na Rua Conselheiro Ramalho o antigo Cine Teatro Espéria, abandonado e em vias de ser transformado em mercado ou garagem. Foi obra do acaso: nunca se ouvira falar de um teatro, tão perto do TBC. Ao descobri-lo, vimos a realização de um sonho: um teatro nosso. Fomos até os donos e o alugamos por 10 anos, com opção para mais 5. Em seguida, iniciou-se a procura de sócios na empreitada de reformar o edifício e transformá-lo no teatro mais moderno e confortável de São Paulo. Os engenheiros Otto Meinberg e Ricardo Capote Valente aceitaram o desafio, e assim foi fundada a Empresa Bela Vista que passou a ser a responsável pela reforma e administração do prédio. Em seguida, teve início uma campanha para angariar sócios. Foram dois anos exaustivos até a inauguração, em maio de 1956.

Paralelamente, era preciso criar uma Companhia com atores jovens e idealistas, que estivessem dispostos a ensaiar, durante muitos meses, o espetáculo de estréia: nada menos que o ***Hamlet***, desta vez dirigido pelo próprio Sérgio. Foi da Escola de Arte Dramática, de Alfredo Mesquita, que surgiram os jovens intérpretes: Berta Zemel, Jorge Fischer Jr., Emanuele Corinaldi, Libero Ripoli e Gustavo Pinheiro, que passaram a participar do elenco.

Aos 31 anos, Sérgio criava, ao mesmo tempo, um teatro, uma companhia e era o primeiro diretor brasileiro a dirigir e interpretar um texto de Shakespeare em São Paulo.

"Ele surgiu com uma novidade: ia emancipar-se artisticamente. Pretendia ter seu teatro, sua companhia, reconstruir, na medida do possível, aquele sonho que foi o Teatro dos Doze. Nos arraiais da amizade houve certa apreensão. Será que ia dar certo? Aquela experiência frustrada do Teatro dos Doze iria se repetir? Mas há uma diferença entre sonhar em São Paulo e sonhar no Rio. No Rio, sonho fica sempre flutuando entre realidade e irrealidade. Em São Paulo, o sonho vai tomando corpo, ganhando substância. Quem quiser sonhar com eficiência vá sonhar em São Paulo. Há sempre um grupo de paulistas atentos, examinando os sonhos como quem examina café. Se o sonho presta, pode contar que vai para a Bolsa de Valores. O de Sérgio prestava. E muito. Resultado: Teatro Bela Vista, Companhia Nydia Licia - Sérgio Cardoso".
(Lúcia Benedetti, escritora)

Também em 1954 foi fundada a ***Companhia Nydia Licia - Sérgio Cardoso***, que iniciou suas atividades no Teatro Leopoldo Fróes, apresentando ***O Lampião***, drama de Rachel de Queiroz, com cenários e figurinos de Aldemir Martins, músicas folclóricas selecionadas pelo cineasta Lima Barreto, direção do próprio Sérgio, que interpretava o papel principal. Com Araçary de Oliveira, Rubens de Falco, Leonardo Villar, Carlos Zara. Para muitas pessoas foi essa a maior interpretação de Sérgio, apesar da estréia ter sido bastante tumultuada na parte técnica.

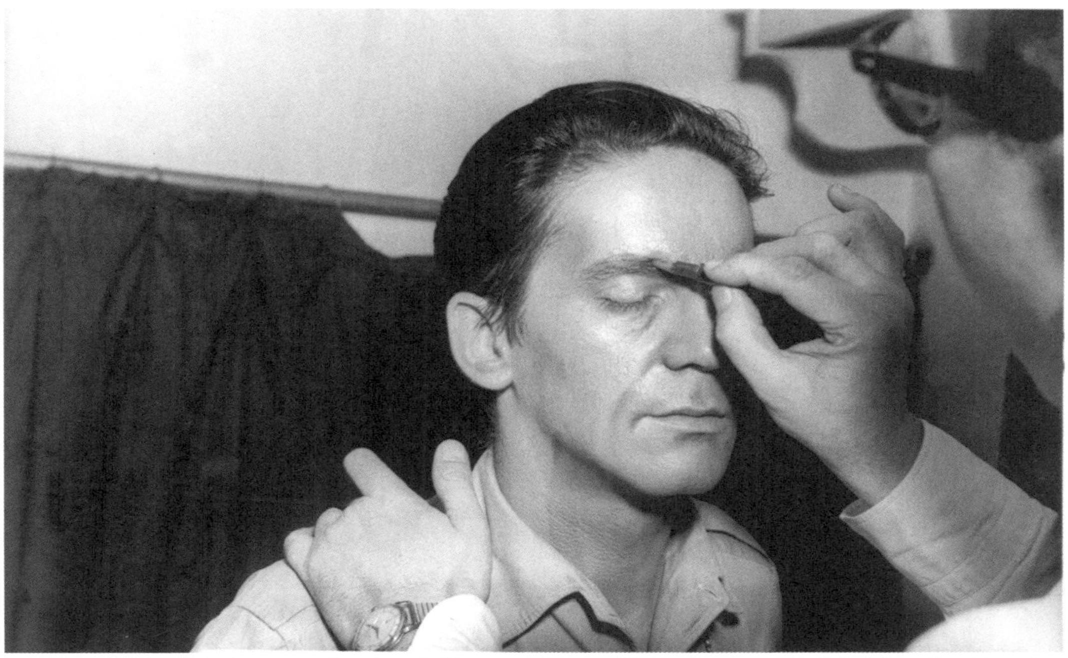

Detalhe de Ziembinsky, na noite de estréia, maquiando Sérgio para o papel de Virgulino Ferreira

Desenho de figurino de Aldemir Martins

"Como montagem, como interpretação, como tudo enfim, **Lampião** *foi um dos mais belos acontecimentos a que assisti, em matéria de teatro, durante minha permanência no Brasil".* (Alberto Cavalcanti, cineasta)

onardo Villar e de Oliveira

Aquarelas de Aldemir Martins, projeto dos cenários de Lampião

A segunda peça foi ***Sinhá Moça Chorou***, comédia de Ernani Fornari, com cenários e figurinos de Anita de Athayde, também dirigida por Sérgio, que representou apenas um pequeno papel.

ide Rassel, Leonardo Villar, Nydia Licia, Nieta Junqueira e Carlos Zara

Teatro
Bela Vista

Após dois anos de reformas ficou pronto o teatro, que recebeu o nome do bairro: ***Teatro Bela Vista***. A 15 de maio de 1956 estrelava o *Hamlet*, com tradução do poeta Péricles Eugênio da Silva Ramos, cenário e figurinos de Eduardo Suhr, música especialmente composta pelo maestro Enrico Simonetti e gravada pela Orquestra Sinfônica Municipal.

Com Carlos Zara, Nydia Licia, Raimundo Duprat e Zeluiz Pinho

Sérgio e Beyla Genauer em cenários e figurinos criados por ele para Hamlet

HAMLET
III.

Teatro Bela Vista

Antigo Cine Esperia

R. Conselheiro Ramalho, 538 — Reservas 36-8814

Cia. Nydia Lícia - Sérgio Cardoso

apresenta

HAMLET

de WILLIAM SHAKESPEARE

TRADUÇÃO DE
PÉRICLES EUGÊNIO DA SILVA RAMOS

MÚSICA DE
ENRICO SIMONETTI

CENÁRIOS E FIGURINOS DE
EDUARDO SUHR

DIREÇÃO DE
SÉRGIO CARDOSO

DIARIAMENTE ÀS 21 HS. -- SÁBADOS E DOMINGOS, VESPERAL ÀS 16 HS.

Poltrona cr.$ 99,00 — Balcão cr.$ 66,00

Três momentos da cenografia de Hamlet

Canções de Hamlet
e Ofelia
Canções de Ofelia
pag. 73.
I
Lento.
FOI-SE O ROS-TO A MOS-TRA TRA-LA-LA-TRA-LA-LA SO-BRE O
TU-MU-LO CHO-VEU AH CHO-VEU O PRAN-TO LA
PAG. 74. I°
AND. ALL.
PO-OR QUE O LIN-DO E CA-RO RO-BIN E TO-DA MINHA LE GRI-I-A

Ofelia pag. 74. II.

pag. 74. III

A estréia foi um sucesso. Toda a crítica elogiou a direção e a coragem da empreitada: ***"... nosso primeiro encenador capaz de enfrentar qualquer texto e o intérprete de estatura trágica que faltava ao teatro brasileiro contemporâneo".*** (Sábato Magaldi) ***"O primeiro diretor brasileiro a se colocar em nível indiscutivelmente internacional".*** (Alfredo Mesquita) ***"O Hamlet de Sérgio Cardoso é um espetáculo que honra o nosso teatro e que ficará como um marco na história da arte dramática no Brasil".*** (Paulo Mendonça)

Recebeu o Prêmio Governador do Estado para ***Melhor Ator*** de 1956
Medalha de Ouro da Associação Paulista de Críticos Teatrais para ***Personalidade Teatral*** de 1956
Prêmio Sacy Especial de ***O Estado de S. Paulo***, pelas realizações no Teatro Bela Vista em 1956.

São dele os objetos de cena: coroas, cintos, medalhas em couro cru, enfeitados com metal e pedras incrustadas. Essa era sua higiene mental. À noite, depois dos ensaios, ficava trabalhando, enquanto a cabeça fervilhava de idéias novas, de marcações a serem realizadas no dia seguinte. Alguns exemplares hoje estão no Museu de Teatro em Belém do Pará.

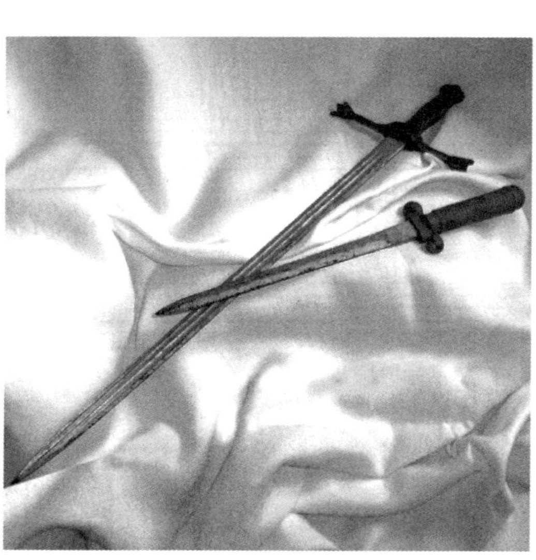

Segundo espetáculo, uma comédia: ***Quando as Paredes Falam,*** de Férenc Molnar, autor húngaro, dirigida por Ruggero Jacobbi. Ótima oportunidade de desanuviar a cabeça do elenco. Sérgio criou um tipo meio caricato, que usava palavras húngaras.

m Nydia Licia e Carlos Zara

emontagem do espetáculo, Tarcísio Meira substituindo os Zara

A ***Raposa e as Uvas***, numa nova montagem, dirigida por Sérgio, respeitando a direção de Bibi. Cenário e figurinos de Irênio Maia. Programada para ficar em cartaz durante duas semanas, ficou nove e alcançou altos índices na Bolsa de Teatro, das *Folhas* (votação do público).

O ***Comício***, comédia de Abílio Pereira de Almeida, o autor paulista de maior sucesso, estava sendo escrita para Jaime Costa. Sérgio decidiu levá-la e convidou o velho ator para o papel do ***"demagogo candidato preparando sua eleição para a governança do Estado"*** (Abílio). Sérgio, irreconhecível na caracterização do velho sírio, ***"a fisionomia, a máscara que compõe, e na qual quase não o reconhecemos, revela logo o ator de grande imaginação".*** (Décio de Almeida Prado)

Chá e Simpatia, de Robert Andersen, foi o maior sucesso da Companhia e a maior direção de Sérgio. Não participando da peça, dedicou-se totalmente a dirigir, criando um clima delicado e ao mesmo tempo altamente dramático, que a transformou num recorde de bilheteria e de aceitação do público e da crítica. O cenário de Alexandre Korowaiczik, cenógrafo da TV Tupi, e a música de Chopin, inteiramente gravada pela pianista Guiomar Novaes, criaram um clima envolvente.

Medalha de Ouro da Associação Paulista de Críticos Teatrais para ***Melhor Diretor*** de 1957
Medalha de Ouro da Associação Paulista de Críticos Teatrais para ***Melhor Espetáculo*** de 1957
Prêmio Governador do Estado para ***Melhor Diretor*** de 1957
Prêmio Governador do Estado para ***Melhor Espetáculo*** de 1957
Prêmio Sacy, de *O Estado de S. Paulo*, para ***Melhor Diretor*** de 1957
Prêmio Sacy, de *O Estado de S. Paulo*, para ***Melhor Espetáculo*** de 1957
Além de 4 prêmios de ***Melhor Atriz***, um prêmio de ***Ator Coadjuvante***, um de ***Revelação de Cenógrafo*** e um de ***Melhor Cenotécnico***.

Nydia Licia e Jorge Fischer Jr.

Novo encontro de Sérgio com Pirandello: ***Henrique IV***, com direção de Ruggero Jacobbi, tradução de Brutus Pedreira, cenários e figurinos de Aldo Calvo. A interpretação do nobre louco, encarcerado dentro de seu passado, foi considerada mais uma grande interpretação. Durante todo o espetáculo pairava a dúvida: Estaria ele realmente louco ou estaria fingindo?

Prêmio Governador do Estado, para ***Melhor Ator*** de 1957
Sacy, de O Estado de S. Paulo, para ***Melhor Ator*** de 1957

Um admirador, ex-"gerarca" fascista, deu a Sérgio um presente inusitado: a máscara mortuária de Pirandello, que havia trazido da Itália ao mudar-se para o Brasil, após a II Guerra.

O ***Casamento Suspeitoso***, segunda peça de Ariano Suassuna apresentada em São Paulo, dirigida por Hermilo Borba Filho, o mesmo diretor de ***A Compadecida***, que tanto sucesso alcançou, deu a Sérgio a oportunidade de criar um malandro nordestino, ***"a figura sabida e simpática do amarelinho, que é quem no final desmascara os vigaristas e conduz a história a um final feliz".*** (Hermilo)

Com Waddington e Zeluiz Pinho

Com Wanda Cosmo

Três Anjos sem Asas, de Albert Husson, com cenário de Clovis Garcia. Comédia francesa, não foi elogiada pela crítica.

Uma Cama para Três, de Claude Magnier, direção e cenário de Sérgio, com Vera Nunes e Carlos Zara, é um *vaudeville* sem maiores pretensões, mas bastante engraçado, enfocando, como sugere o título, um triângulo amoroso.

Novamente um grande espetáculo e um grande autor: ***Vestido de Noiva***, de Nelson Rodrigues, com cenário e direção de Sérgio, que não tomou parte no espetáculo. Enfoque moderno, piso de plástico transparente em formato de raio e iluminação de baixo para cima, para criar o clima de delírio. Bem diferente da montagem de ***Os Comediantes***, foi muito elogiado pelo autor. O cenário foi exibido na Bienal de São Paulo.

"Guardo da encenação de Sérgio Cardoso lembrança muito positiva. Não tinha, como elemento comparativo, o espectro da criação de Ziembinski". (Sábato Magaldi)

A ***mor sem Despedida***, de Daphne de Maurier, cenário de Alexandre Korowaiczik, direção de Sérgio.

"Amor outonal vivido enquanto o crepúsculo tomba sobre o mar e as gaivotas emudecem..." (Sérgio Cardoso)

S érgio seguiu para Recife para participar, como convidado especial, do Primeiro Congresso Brasileiro de Teatros do Estudante, organizado pelo Ministro Paschoal Carlos Magno onde, com a presença do ator, foi feito o Julgamento da personagem ***Hamlet***, com participação de Juiz, Promotor, Advogado de Defesa e Jurados. Quem assumiu a defesa foi o Dr. Evandro Lins e Silva e a acusação, o Dr. Carlos de Araújo Lima.

Uma temporada da Companhia durante dois meses no Teatro Copacabana do Rio de Janeiro, em que foram apresentadas ***A Raposa e as Uvas*** e ***Chá e Simpatia***, proporcionou-lhe mais um prêmio: ***Maior Ator Dramático*** de 1958, da Prefeitura do Distrito Federal, por ***A Raposa e as Uvas*** (Não esqueçamos que, pela mesma peça, na Cia. Dramática Nacional, recebera o prêmio de ***Melhor Ator Cômico***).

Novamente na TV Record, a Companhia Nydia Licia - Sérgio Cardoso apresentou, durante nove meses, o ***Grande Teatro Mercedes Benz***, com adaptações, sempre ao vivo, de peças, contos e romances. Direção de Sérgio, Nydia e Wanda Kosmo.

Em ***Nu com Violino***, de Noel Coward, uma sátira à arte moderna, o protagonista tem oportunidade de exibir seu histrionismo cosmopolita, atendendo telefonemas em 8 línguas diferentes. Desafio de que Sérgio gostava muito.

Com Marina Freire, Rita Cléos, Ruthinéa de Moraes, Raimundo Duprat e Emanuele Corinardi

Em ***Trio***, Sérgio remontou três peças em um ato, que já haviam sido apresentadas no TBC: ***Antes do Café***, de Eugene O'Neill, ***O Homem da Flor na Boca***, de Pirandello, e ***Lembranças de Berta***, de Tennessee Williams. Além da direção, assumiu os cenários das três. Interpretou novamente o *Homem* ***"debruçado sobre a morte, tentando se apegar à vida, num soluço de desespero"***. (Sérgio Cardoso)

Vê-se abaixo a espada que o ator português Eduardo Brazão, grande intérprete de *Hamlet*, mandou fosse entregue, após sua morte, ao ator brasileiro que mais admirava: Procópio Ferreira. Procópio, por sua vez, a entregou a Sérgio, declarando, de público, considerá-lo o maior ator de sua geração. Sérgio e Procópio, não obstante a diferença de idade, sentiam grande respeito e admiração um pelo outro. Que se transformou numa sólida amizade.

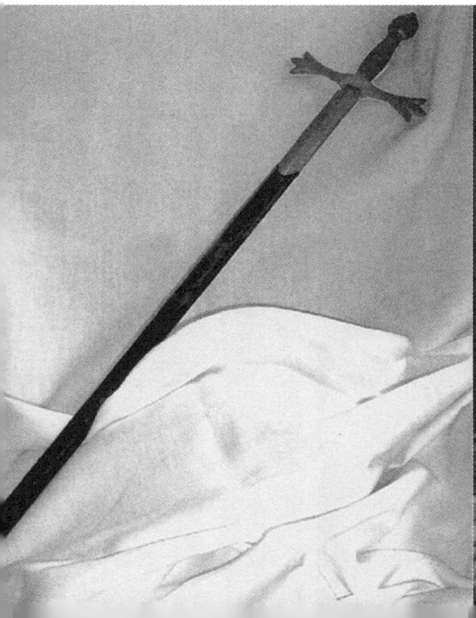

A estréia mais esperada do ano: ***Sexy***, comédia musical de Vicente Catalano, música do maestro Enrico Simonetti, gravada no palco do Teatro Bela Vista, considerado o de melhor acústica em São Paulo. Cenário de Irênio Maia, coreografias de Ismael Guiser, preparação corporal de Marika Gidali. Um novo desafio: cantar e dançar em cena, experiência já testada por Laurence Olivier, Jean Louis Barrault e Vittorio Gassman. Foi um grande sucesso de público, mas a crítica desaprovou o desfile de moda apresentado dentro do espetáculo, considerando-o um lance "menor". Medalha do jornal ***A Gazeta***, para ***Ator mais Popular*** de 1959, em Teatro.

Com Suzi Arruda, Rita Cléos e Guilherme Correa, em Sexy

No ***Teatrinho O'Neill***, construído no recinto da 5ª Bienal Internacional de São Paulo, Sérgio apresentou, com Guilherme Corrêa, ***Hughie***, peça em um ato de Eugene O'Neill, tradução de Alceu Nunes. Foi a segunda apresentação mundial. Promoção da Uni-versidade de Yale, do Consulado Americano e da Associação Paulista de Críticos Teatrais

Última peça no Teatro Bela Vista: ***O Soldado Tanaka***, de Georg Kaiser, autor nunca antes representado no Brasil. Montagem extremamente ambiciosa, com Sérgio, Sônia Oiticica, o estreante Tarcísio Meira e mais 30 personagens em três ambientes diferentes. Cenários e figurinos de Irênio Maia.

Encerrava-a um monólogo extremamente emocionado de Sérgio: ***"Um brado de revolta contra qualquer tipo de opressão".*** (Sérgio Cardoso)

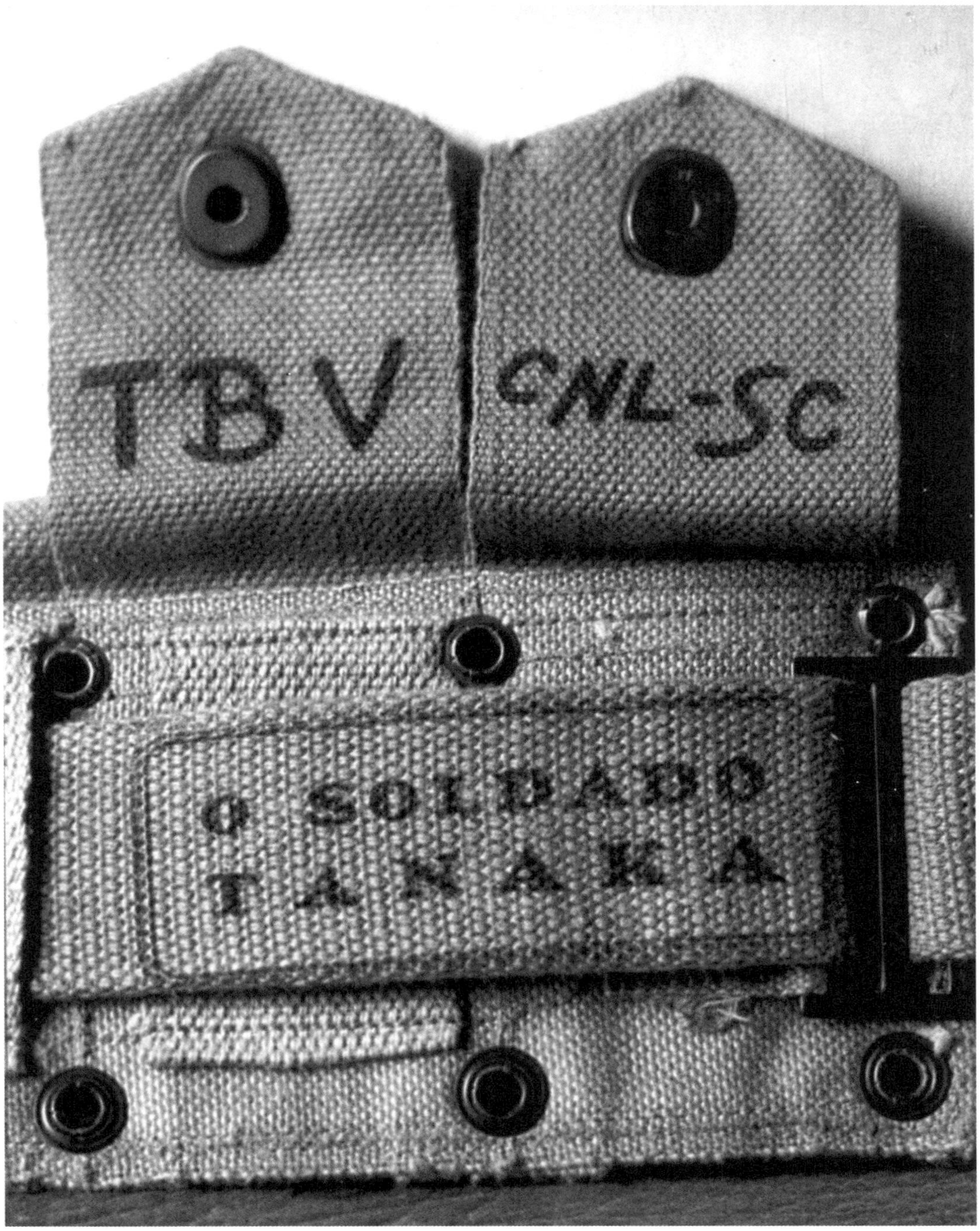

Com Tarcísio Meira, em O Soldado Tanaka

Companhia Sérgio Cardoso

O ano de nossa separação, 1960, foi também o ano da saída de Sérgio do Teatro Bela Vista. Não queria mais ficar em São Paulo e partiu para uma excursão pelo Brasil. Inicialmente levou para o Teatro Mesbla, no Rio de Janeiro, algumas montagens paulistas: ***Sexy, A Raposa e as Uvas, Uma Cama para Três***. Em seguida a Companhia foi para o Sul, acrescida de alguns atores cariocas. ***Sexy***, por ser montagem muito cara e complicada, foi substituído por um novo trio, composto por ***Enganado, Ferido e Satisfeito***, de Alejandro Casona, ***Retrato de uma Madona***, de Tennessee Williams, e ***O Homem da Flor na Boca***, de Pirandello. A turnê teve início em Porto Alegre, no Rio Grande do Sul, em seguida foi para Curitiba, Belo Horizonte, interior de São Paulo, novamente Rio de Janeiro e, em seguida, Salvador. Ali se dissolveu, apesar do sucesso de público.

Voltou a Salvador, a convite do Teatro da Universidade Federal da Bahia, para interpretar ***Calígula***, de Albert Camus, sob direção de Eros Martins Gonçalves, mas adoeceu gravemente tendo de ser hospitalizado, e o espetáculo foi interrompido. Remontou-o mais tarde em São Paulo, colaborando com a SAJE - Sociedade de Auxílio à Juventude Estudantil.

De volta ao Rio de Janeiro, dirigiu para a ***Companhia de Mme. Morineau, Um Estranho Bate à Porta***, de Mel Dimell.

Em 1962, Cacilda Becker e Walmor Chagas o trouxeram de volta a São Paulo para trabalharem juntos em dois espetáculos: ***A Terceira Pessoa***, de Andrew Rosenthal, no Teatro Cacilda Becker, e ***A Visita da Velha Senhora***, de Friedrich Dürrenmatt, uma grande montagem apresentada no Teatro Record, cujo palco era bem mais amplo.

No ele
A Visita da Velha S

Com Cacilda Becker e Walmor Chagas em A Terceira Pessoa

Última peça paulista, em 1964: ***Gog e Magog***, de Mac Dogall e Ted Allan, no TBC, a convite do diretor Alberto D'Aversa.

Ainda se apresentou, no Teatro da Aliança Francesa, com um belíssimo espetáculo-solo, em que viveu 25 personagens diferentes: ***O Resto é Silêncio***, direção e texto de sua autoria, reunindo sonetos e uma coletânea de monólogos de Shakespeare, ilustrados com projeções de *slides*, confeccionados pelo Serviço de Documentação da Universidade de São Paulo. Figurinos de época, acessórios, máscaras, assinados por Sérgio. Tudo especialmente criado para o espetáculo. Foi em homenagem ao quarto centenário do nascimento do poeta. Narração gravada por Sônia Oiticica, músicas extraídas da obra de Purcell e Elgar, conterrâneos de Shakespeare; e solo de alaúde, por Maria Lívia San Marco.

1965. No Teatro Municipal do Rio de Janeiro dirigiu uma rápida temporada de *Vestido de Noiva*, de Nelson Rodrigues, com novo elenco mas que não teve a mesma repercussão do espetáculo paulista de 1958.

Telenovelas

Aqui termina a carreira teatral de Sérgio e se inicia uma nova fase de sua vida: a de ator de telenovelas. O convite partiu de Cassiano Gabus Mendes, diretor da extinta TV Tupi, para que participasse, ao lado de Fernanda Montenegro, de *O Sorriso de Helena.* O papel era de um galã... *"Galã de novela"*! Imagino com que sarcasmo tenha repetido essa frase! Não era seu mundo. Não era o mundo de *"Gente de Teatro"*, e no entanto foi lá que ele se realizou... Não: *"realizou"* não é o termo adequado. Talvez devesse dizer que foi lá que ele reencontrou a fama, a popularidade dos primeiros tempos de teatro. Agora em nível nacional. A televisão lhe deu notoriedade e dinheiro. Ele, por sua vez, deu à televisão uma seriedade, uma busca interior, uma paixão pelos detalhes, que enriqueceriam as telenovelas.

Após certa relutância, aceita o convite de Cassiano, mas com a condição de que, se não ficasse satisfeito com o resultado, o personagem seria suprimido e ele sairia da novela. Na época, havia certa prevenção por parte dos atores de teatro em se apresentarem em um tipo de trabalho que consideravam inferior. Além do mais, os textos originais eram mexicanos e aqui eram traduzidos e adaptados, o que colaborava para torná-los pouco verossímeis. O adaptador foi Walter George Durst, e a direção ficou a cargo de Geraldo Vietri. O sucesso inesperado de Sérgio - considerado um ator eminentemente teatral - fez não só que ele continuasse na novela, mas que em seguida interpretasse outras duas: *O Cara Suja* e *O Preço de uma Vida*.

Pelas três recebeu:
Troféu Imprensa de ***Melhor Ator*** de 1965
Prêmio Roquete Pinto de ***Melhor Teleator***
Troféu do jornal *O Globo* por ***Interpretação Teatral***
Troféu Coringa Ídolos da Televisão 65 como ***Melhor Ator***
Prêmio Governador do Estado para ***Melhor Ator em Televisão***

E várias homenagens de cidades do Interior do Estado, faixas, estatuetas e placas de prata. Após os últimos cinco anos, em que nada em teatro parecia ter dado certo, o reencontro com o sucesso e a popularidade do começo de sua carreira foi-lhe proporcionado justamente pela Televisão.

O ***Cara Suja***, originalmente chamado *El Galleguito de Cara Sucia,* foi transformado em um italiano do sul, com sotaque e cabelos encaracolados.

O par de Sérgio era Rita Cléos. O acompanhamento musical era de Uccio Gaeta, que popularizou duas canções em italiano: ***Se Piangi, Se Ridi***, de Satti, Marchettii e Gogol, e ***Biondina***, do próprio Uccio. Sérgio acabou gravando as duas num compacto simples.

O ***Preço de uma Vida***, original cubano, dirigido por Henrique Martins, ofereceu-lhe a possibilidade de criar um tipo monstruoso: o Dr. Valcour, cego de um olho e corcunda. Foi o primeiro a usar uma lente de contato completamente branca, que causava uma impressão terrível no vídeo, mas despertou o maior entusiasmo no público telespectador. Sérgio havia se transformado em ídolo do grande público; sua popularidade aumentava em nível nacional. Contracenava na ocasião com uma jovem estreante, aluna de colégio. Era Nívea Maria.

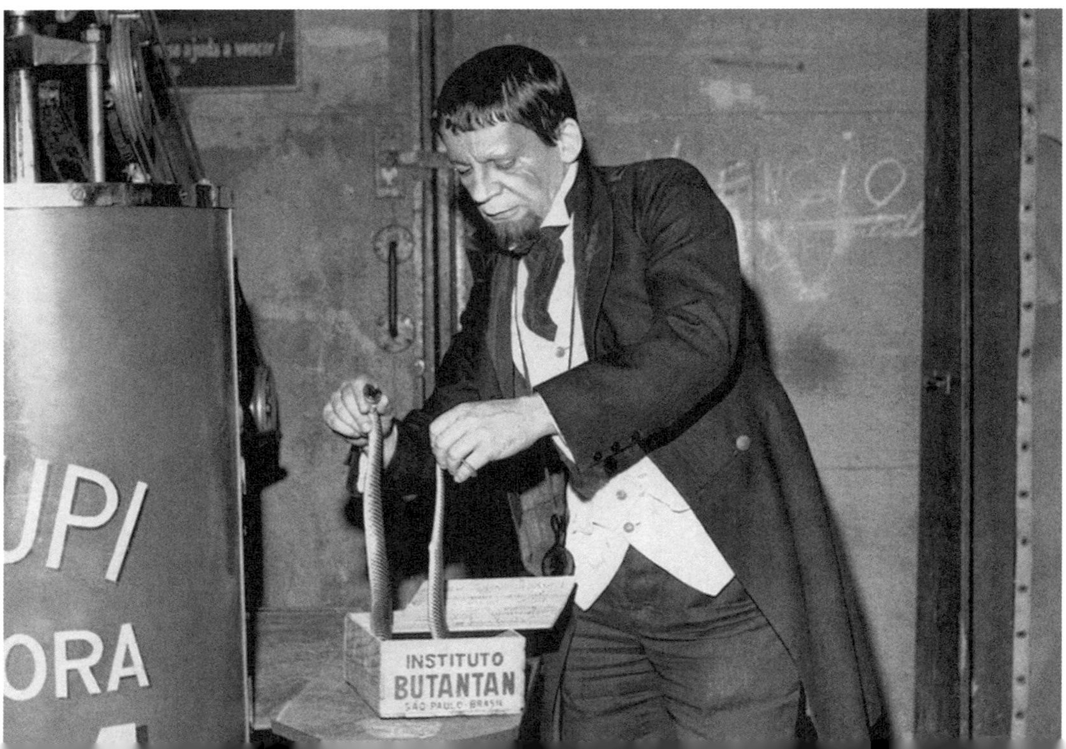

Com um retrato e um busto, ambos inspirados pelo Dr. Valcour

Em seguida fez ***Calúnia***, original argentino, adaptado por Talma de Oliveira, e dirigido por Wanda Kosmo. O papel era de um homem grosseiro do interior. Contracenava com Fernanda Montenegro, mas, apesar dos dois atores, não foi um sucesso.
Prêmio Governador do Estado para ***Melhor Ator de Televisão*** de 1966

Veio em seguida ***Somos Todos Irmãos***, adaptação de Benedito Ruy Barbosa do livro *A Vingança do Judeu*, de R.W. Rochester, dirigido por Wanda Kosmo, que teve grande aceitação. A atriz Rosamaria Murtinho foi seu par. Para a nova criação usava lentes de contato azuis, que modificavam inteiramente sua expressão.

O Anjo e o Vagabundo foi a primeira novela brasileira que ele protagonizou. De autoria de Benedito Ruy Barbosa, foi dirigida por Geraldo Vietri e Wanda Kosmo. Trabalhou novamente com Rosamaria Murtinho, vivendo o papel de um médico que se transforma em mendigo. Outro sucesso. ***Paixão Proibida***, de Janete Clair, novamente reuniu Sérgio e Rosamaria, dirigidos por Geraldo Vietri.

Um desastre automobilístico afastou Sérgio da televisão durante alguns meses. Sofreu duas operações, pois o lado direito do rosto havia afundado com a colisão.

Abaixo, em O Anjo e o Vagabundo. *Ao lado, pôster de* Somos Todos Irmãos, *autografado pelo elenco.*

"SOMOS TODOS IRMÃOS"

Sérgio Cardoso

Izabel Cristina

Lisa Negri

Elísio de Albuquerque

Rui Rezende

Nello Pinheiro

Rosamaria Murtinho

Em 1968 A Globo chamou Sérgio para atuar em ***O Santo Mestiço***, original da cubana Glória Magadan, dirigido por David Grindberg. Tratava-se da vida do primeiro santo sul-americano canonizado pelo Papa: San Martin Porres. O texto era péssimo e a novela foi um fracasso total.

Sérgio então voltou para a TV Tupi, onde o aguardava um personagem que seria o seu maior sucesso: ***Antônio Maria***.

Desta vez ele seria um português muito fino, falando com sotaque lusitano, que se oferece como motorista numa casa brasileira de classe média alta. Um bigode preto foi sua única caracterização. Texto de Geraldo Vietri, a partir de uma sinopse do próprio Sérgio. Contracenou dessa vez com Aracy Balabanian. Na novela declamava versos de Camões e de outros autores. No disco que foi lançado pela emissora ele gravou quatro faixas: duas com poesias e duas cantando fados.

Paschoal Carlos Magno contou que um dia, ao sair com Sérgio, uma senhora que passava pela rua se aproximou deles e, emocionada, chamando-o Antônio pediu-lhe um autógrafo. Sérgio gentilmente – como atendia a todos os fãs – assinou: "Antonio Maria". E acrescentou com um sorriso irônico e meio triste: "Ex-Sérgio Cardoso". A novela se tornou o maior êxito de Sérgio, não somente no Brasil, mas até em Portugal. Condecorado com o título de ***Oficial da Ordem do Infante Dom Henrique***, foi convidado a ir a Lisboa onde foi recebido pelo Primeiro-Ministro Marcelo Caetano.

Claro que Sérgio não poderia deixar de visitar o túmulo de Camões...

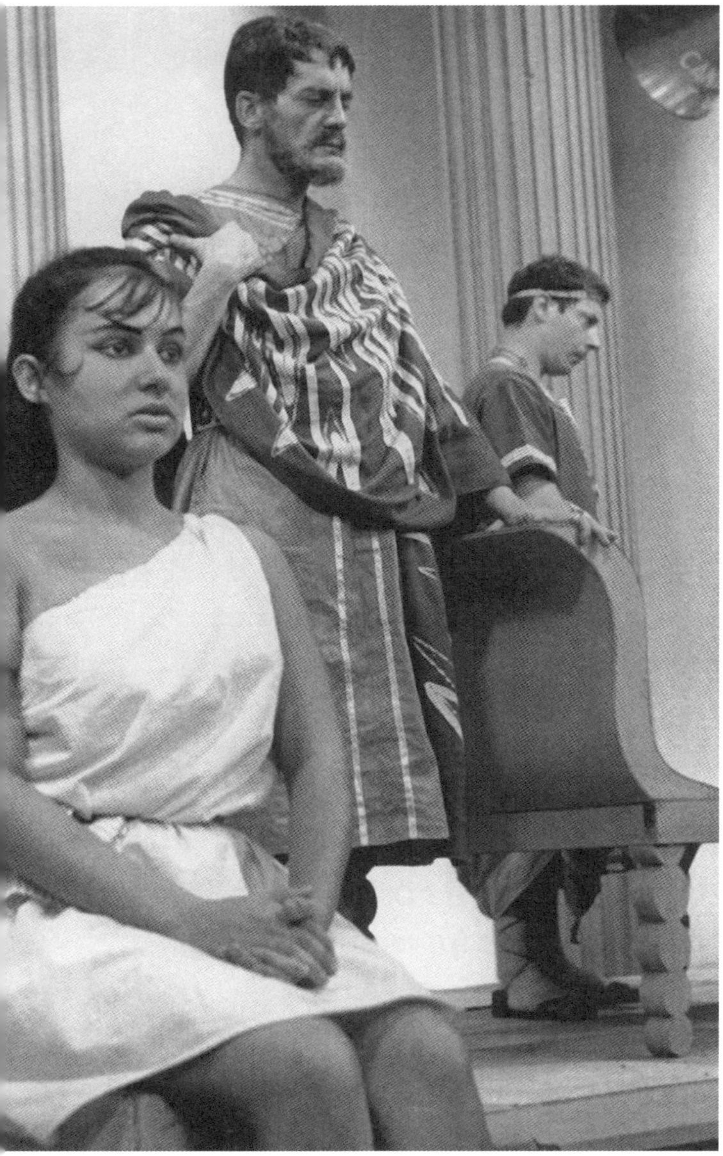

Além das telenovelas, tomou parte, na TV Excelsior, de ***Os Caminhos da Medicina*** e do ***Teatro Brastemp***. E na TV Paulista, de ***Porque me Orgulho de meu País***.

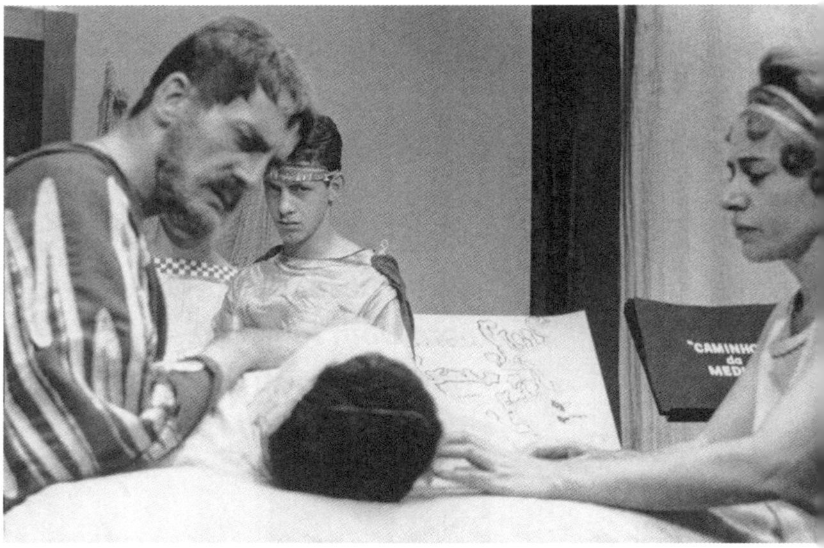

A TV Globo convidou Sérgio para ***A Cabana do Pai Tomás***, adaptada por Hedy Maia do romance de Harriet B. Stowe. Sérgio que sempre quisera interpretar um negro, aceitou. Iniciaram-se as gravações, mas o prédio, na Rua Sebastião Pereira, pegou fogo e todos os cenários se queimaram. Por isso, foi preciso transferir-se para o Rio de Janeiro. Sérgio trabalhou incessantemente, chegando até a dormir no estúdio.

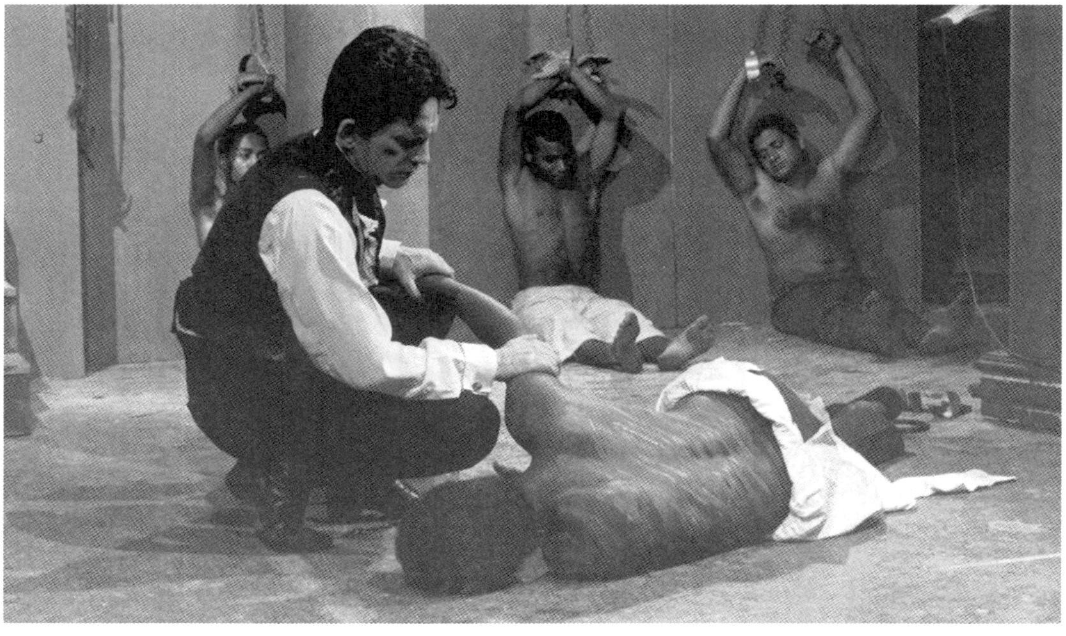

Ajudou na montagem e chegou até a escrever alguns capítulos. As gravações continuaram e ele passou a interpretar três papéis. Num deles, o do Presidente Lincoln, a semelhança que conseguiu através da maquiagem, é espantosa. Contracenava com Ruth de Souza.

A Próxima Atração, de Walter Negrão, veio em seguida, dirigida por Régis Cardoso. Sérgio interpretava um papel de galã mais maduro, com sotaque de gaúcho.

Em ***Pigmalião 70*** - inspirada na lenda grega de Pigmalião e Galatéia – ele era um feirante por quem a moça grã-fina - Tônia Carrero - se interessa e que resolve modificá-lo, para ganhar uma aposta. Novela alegre, conquistou o público. A direção foi novamente de Régis Cardoso.

Participou de muitos ***Casos Especiais***. O mais importante foi *O Médico e o Monstro*, tirado do célebre livro de Bernard Stevenson, ***Dr. Jekyll and Mr. Hyde***. A direção foi de Ziembinski.

Participou ainda da novela ***Assim na Terra como no Céu***, de Dias Gomes, com direção de Walter Campos.

Com Tônia Carrero, em Pigmaleão 70

O *Primeiro Amor* foi o seu último trabalho. Trabalho que não pôde terminar. Na tarde de 18 de agosto, vitimado por um ataque cardíaco, faleceu em seu apartamento no Leblon. A novela, com Rosamaria Murtinho, Marco Nanini e os outros ***filhos***, continuou com Leonardo Villar, grande amigo e padrinho de nossa filha Sylvia, substituindo Sérgio.

A presença de Sérgio Cardoso no cinema brasileiro foi pequena. O primeiro filme, ***O Incêndio***, não chegou ao fim, por falta de dinheiro. Mas serviu para um fato muito importante: foi de madrugada, ao voltarmos a pé das filmagens no Bixiga, que descobrimos o ***Cine Teatro Espéria***, velho casarão abandonado, escondido atrás de um tapume.

Sua participação no filme *Ângela*, como um maestro regente, acabou sendo eliminada na montagem final.

A *Madona de Cedro*, baseado num romance de Antônio Calado e dirigido por Carlos Coimbra, foi filmado nos meses em que se restabelecia do desastre automobilístico. O personagem disforme não foi prejudicado pelas cicatrizes. Contracenava com Cleyde Yaconis, Leila Diniz e Ziembinski.

Em ***Os Herdeiros***, argumento de Arnaldo Jabor e direção de Cacá Diegues, vivia o papel de um chefe político da era getulista. Com Mário Lago e Odete Lara.

Outras Atividades

Esboço do retrato de ***Hamlet***, realizado pelo pintor Manuel Constantino, no Rio de Janeiro. O quadro ficou exposto na galeria do Teatro Bela Vista e, após a morte de Sérgio, foi entregue a Paschoal Carlos Magno que o colocou na ***Aldeia de Arcozelo***, uma espécie de pousada para estudantes de teatro. Agora está no Teatro Sérgio Cardoso, em São Paulo.

Durante sua curta carreira, que durou apenas 24 anos, ele foi ator de teatro, cinema e televisão, diretor, produtor, cenógrafo, figurinista, aderecista, iluminador, tradutor, professor de maquiagem, autor de textos para televisão, escritor de textos teatrais, conferencista.

Temos uma adaptação teatral de ***Brás Cubas***, de Machado de Assis, inacabada; e uma grande quantidade de adaptações para TV, entre as quais ***Hamlet***, em formato de telenovela, e ***Os Inconfidentes***, e vários teleteatros: ***A Marquesa de Santos, Lady Hamilton, Obsessão, Iracema***, de José de Alencar, e muitos outros.

Prêmios e Títulos

Bacharel pela Faculdade de Direito da Pontifícia Universidade Católica do Rio de Janeiro.

Diploma para ***Maior Revelação de Ator de 1948,*** da Associação Brasileira de Críticos Teatrais, pela interpretação de ***Hamlet***, de Shakespeare.

Prêmio ***Maior Ator Cômico de 1954*** da Prefeitura do Distrito Federal, pela interpretação de ***Esopo*** (***A Raposa e as Uvas***) e de ***Jaquot*** (***A Canção Dentro do Pão***).

Prêmio Governador do Estado de São Paulo para ***Melhor Diretor de 1954***
(***A Canção Dentro do Pão***).

Sacy de O Estado de S. Paulo para ***Melhor Ator de 1954*** (***A Raposa e as Uvas e Canção dentro do Pão***).

Medalha de Ouro da Associação Paulista de Críticos Teatrais para ***Personalidade Teatral de 1956*** (Inauguração do Teatro Bela vista, direção e interpretação de ***Hamlet***).

Prêmio Governador do Estado de São Paulo para ***Melhor Ator de 1956***, pela interpretação de ***Hamlet***.

Sacy especial de O Estado de S. Paulo pelas realizações do ***Teatro Bela Vista*** no ano de 1956.

Medalha de Ouro da Associação Paulista de Críticos Teatrais para ***Melhor Diretor de 1957*** (***Chá e Simpatia***).

Prêmio Governador do Estado de São Paulo ***para Melhor Ator de 1956***, pela interpretação de ***Henrique IV***.

Sacy de O Estado de S. Paulo para ***Melhor Diretor de 1957*** (***Chá e Simpatia***).

Sacy de O Estado de S. Paulo para ***Melhor Ator de 1957*** (***Henrique IV***).

Prêmio ***Maior Ator Dramático de 1958*** da Prefeitura do Distrito Federal (***A Raposa e as Uvas***).

Medalha de Ouro de *A Gazeta* para ***O Ator mais Popular de São Paulo em 1959.***

Prêmio Governador do Estado de São Paulo para ***Melhor Ator de Televisão em 1965 e 1966.***

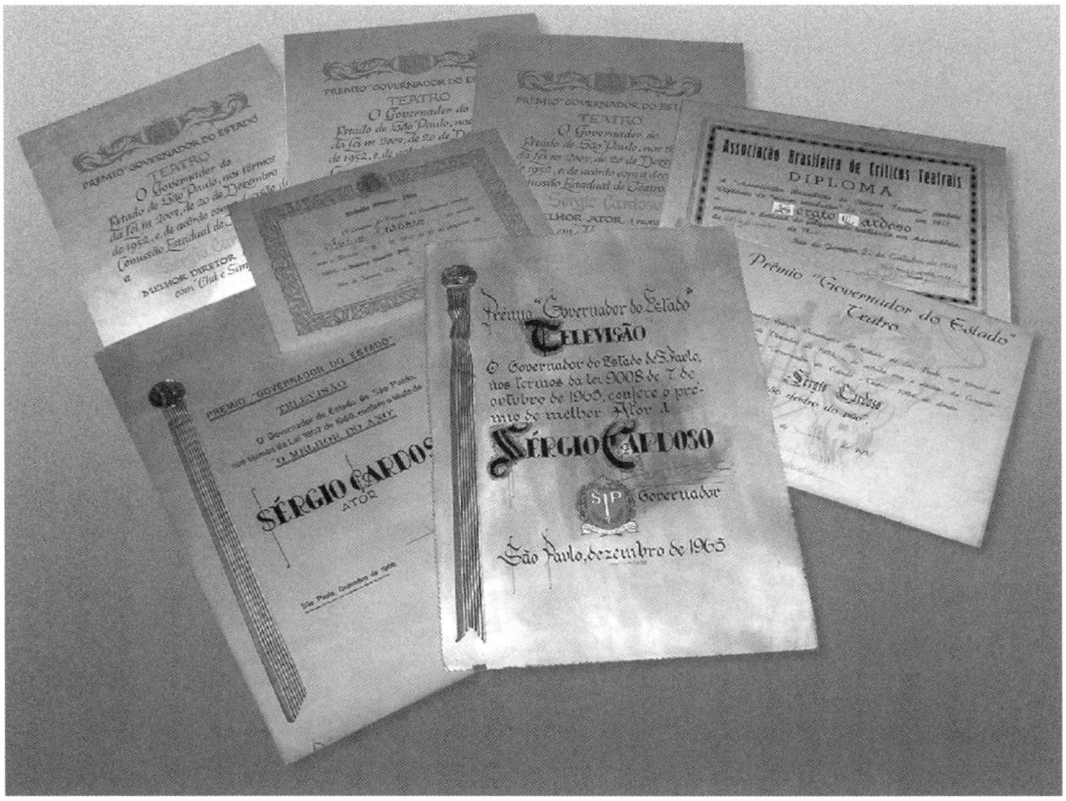

Troféu Roquete Pinto para ***Melhor Ator de Televisão***.

Troféu Imprensa para ***Melhor Ator de Televisão***.

Recebeu o título de ***Cidadão Honorário*** de várias cidades do Brasil.

Recebeu o título de ***Oficial da Ordem do Infante D. Henrique*** do Governo Português, pela novela ***Antonio Maria***.

No dia 18 de agosto de 1972, falecia, em sua casa, vitimado por um enfarte fulminante.

Estava se preparando para voltar ao Teatro. Havia escrito o texto ***Sérgio Cardoso em Prosa e Verso***, com o qual iria viajar por todo o Brasil. Não houve tempo. Estava tudo pronto: a roupa, pendurada no armário, as cidades já contatadas, o texto decorado. Ele costumava gravá-lo em cassete e ouvi-lo enquanto descansava deitado na água quente, na banheira de seu apartamento no Leblon. Foi encontrado caído no chão, a fita tocando ainda...

Ao seu enterro compareceram mais de 15 mil pessoas: amigos, parentes, colegas e público de televisão. Alguns ávidos por ver, por estar lá, perto de seus ídolos e pedir autógrafos. Outros, chorando emocionados, relembrando as personagens que lhes haviam trazido alegrias e emoções. Era o seu público das telenovelas; conheciam o Dr. Valcour, o feirante de cabelos encaracolados, o negro Tomás, mas nunca tinham ouvido falar no Hamlet, no Esopo, no Lampião, em todas as figuras a que tinha dado vida nos palcos do Brasil.

No domingo estivera no programa de Sílvio Santos, em São Paulo. Iria declamar o ***Cântico Negro***, de José Regio. De repente, sentiu-se muito mal. Queriam suspender a apresentação, chamaram um médico, mas ele sorriu e disse: ***Um ator morre em sua trincheira.*** Levantou-se com esforço e declamou com toda a emoção o poema do poeta português. Foi sua última apresentação em público.

Boa Noite, Amável Príncipe

Sérgio Cardoso viveu com uma intensidade além das forças humanas, multiplicando-se em personagens e dando a cada uma parcelas de vidas tiradas de seu próprio coração.

Não espanta que esse tenha esgotado tão cedo as suas energias. A notícia de sua morte foi surpreendente para tantos amigos e admiradores. Teve, no entanto, a lógica de um fim previsível em quem dava à sua arte tão alta contribuição de inteligência e amor.

Austragésilo de Athayde

Quem era Sérgio?

Era seus personagens. Criava-os desde o nascimento, incorporava-os durante as representações, eternamente em busca da perfeição. Só os abandonava ao fechar-se o pano na última noite do espetáculo.

Entregava-se a eles de alma e corpo, desgastava-se até o limite máximo da resistência física e mental. Até a exaustão. Até a morte.

Nydia

No final do espetáculo, fui levada até a coxia, onde o encontrei depois de representar o Esopo, em A Raposa e as Uvas. *Estava vestido com trapos, a maquiagem pesada escorria pela face, tinha o ar* cansado e um brilho todo especial *no olhar. Eu era criança e fiquei muito assustada. Esta é a primeira lembrança do ator Sérgio Cardoso, meu pai.*

Pude acompanhá-lo em outras ocasiões, vê-lo ao final de outros espetáculos e gravações, com o mesmo brilho nos olhos. Nesses momentos, ele era uma pessoa especial, diferente.

Fora do ambiente de teatro e TV, era outro. Gostava de ficar em casa, onde sempre tinha animais exóticos, como macacos, araras e até cobras, a recordar-lhe a infância no Pará.

No Rio, organizava almoços, para os quais convidava minha avó Esther e minha tia Julieta, além de colegas de trabalho. Tinha uma rara habilidade de prender a atenção dos convidados com suas histórias. Gostava de ir ao cinema e de andar, de jogar cartas e de conversar.

Ensinou-me a gostar de ler e de aprender. Nossos encontros eram caracterizados por muitas idas a museus, viagens a Petrópolis, Paquetá, Guarujá (para comer caranguejos) e muitos, muitos passeios a pé. Nesses raros momentos, era uma pessoa comum. Meu pai.

Sylvia

Após 30 anos de sua morte, escreveu Mariangela Alves Lima em ***O Estado de S. Paulo:***

O prestígio que alcançou como ídolo de um meio de comunicação de massa teve, na contraface, a mágoa velada que o teatro sentiu - e ainda sente - por não ter conseguido manter em suas fileiras, um dos seus homens mais talentosos.

(18/8/2002)

Cronologia Profissional

Anterior a 1945

Vítima do Dever (O escrivão)
Diretor: Pe. Moutinho
Colégio Santo Inácio

Satã (Isaac, o agiota)
Diretor: Pe. Moutinho
Colégio Santo Inácio

Quem Deu o Pontapé? (o farmacêutico)
Diretor: Pe. Moutinho
Colégio Santo Inácio

Os Holandeses no Brasil, do Pe. José Solari
(Sebastião de Carvalho)
Diretor: Dr. Rubens Padin

1945

Romeu e Julieta, de Shakespeare (Teobaldo)
Diretora: Esther Leão
Teatro Universitário

1948

Hamlet, Príncipe da Dinamarca, de Shakespeare (Hamlet)
Diretor: Hoffmann Harnisch
Teatro do Estudante do Brasil

A Família e a Festa na Roça, de Martins Pena (Inacinho)
Diretora: Dulcina de Morais
Serviço Nacional de Teatro

1949

Hamlet, Príncipe da Dinamarca, de Shakespeare (Hamlet)
Diretor: Hoffmann Harnisch
Cenógrafo e Figurinista: Sérgio Cardoso
Teatro dos Doze

Arlequim, Servidor de Dois Amos, de Goldoni (Arlequim)
Diretor: Ruggero Jacobbi
Teatro dos Doze

Tragédia em Nova York, de Maxwell Anderson (Mio Romagna)
Diretor: Ruggero Jacobbi
Teatro dos Doze

Simbita e o Dragão, de Lúcia Benedetti (Simbita)
Diretor: Ruggero Jacobbi
Cenógrafo e Figurinista: Sérgio Cardoso
Teatro dos Doze

O Mentiroso, de Goldoni (Lélio dos Bisonhos)
Diretor: Ruggero Jacobbi
Teatro Brasileiro de Comédia

1950

Simbita e o Dragão, de Lúcia Benedetti (Simbita)
Produção: Raul Roulien
Secretaria da Educação e Cultura do Estado de São Paulo

Entre Quatro Paredes, de Jean-Paul Sartre (Joseph Garcin)
Diretor: Adolfo Celi
Teatro Brasileiro de Comédia

Pedido de Casamento, de Anton Tchecov (Lomov)
Diretor: Adolfo Celi
Teatro Brasileiro de Comédia

Os Filhos de Eduardo, de Sauvajon (Jan Latzaresko)
Diretores: Cacilda Becker e Ruggero Jacobbi
Teatro Brasileiro de Comédia

A Ronda dos Malandros, de John Gay (Capitão Mac Heath)
Diretor: Ruggero Jacobbi
Teatro Brasileiro de Comédia

A Importância de Ser Prudente, de Oscar Wilde (Prudente Worthing)
Diretor: Luciano Salce
Teatro Brasileiro de Comédia

Anjo de Pedra, de Tennessee Williams (Archie Kramer)
Diretor: Luciano Salce
Teatro Brasileiro de Comédia

O Homem da Flor na Boca, de Pirandello (homem da flor na boca)
Diretor: Ziembinski
Teatro Brasileiro de Comédia

Do Mundo Nada se Leva, de Kaufman e Hart (Tony Kirby)
Diretor: Luciano Salce
Teatro Brasileiro de Comédia

O Inventor do Cavalo, de Achille Campanile (o Poeta Maledetto)
Diretor: Luciano Salce
Cenógrafo e Figurinista: Sérgio Cardoso
Teatro Brasileiro de Comédia

1951

Seis Personagens à Procura de um Autor, de Pirandello (o Pai)
Diretor: Adolfo Celi
Teatro Brasileiro de Comédia

Convite ao Baile, de Anouilh (Horácio e Frederico - gêmeos)
Diretor: Luciano Salce
Teatro Brasileiro de Comédia

Arsênico e Alfazema, de Kesselring (Reverendo Harper)
Diretor: Adolfo Celi
Teatro Brasileiro de Comédia

Ralé, de Máximo Gorki (o Ator)
Diretor: Flamínio Bollini Cerri
Teatro Brasileiro de Comédia

Diálogo de Surdos, de Clô Prado (Juvenal)
Diretor: Flamínio Bollini Cerri
Teatro Brasileiro de Comédia

O Mentiroso, de Goldoni (Lélio dos Bisonhos)
Diretor: Ruggero Jacobbi
Teatro Brasileiro de Comédia

Inimigos Íntimos, de Barillet e Grédy (Alexandre)
Diretor: Luciano Salce
Teatro Brasileiro de Comédia

Antígone, de Sófocles (O mensageiro)
Diretor: Adolfo Celi
Teatro Brasileiro de Comédia

Antígone, de Anouilh (O mensageiro)
Diretor: Adolfo Celi
Teatro Brasileiro de Comédia

Vá com Deus, de Murray e Boretz (Gordon Miller)
Diretor: Flamínio Bollini Cerri
Teatro Brasileiro de Comédia

1953

A Falecida, de Nelson Rodrigues (Tuninho)
Diretor: José Maria Monteiro
Companhia Dramática Nacional

A Raposa e as Uvas, de Guilherme Figueiredo (Esopo)
Diretora: Bibi Ferreira
Companhia Dramática Nacional

A Canção Dentro do Pão, de Raimundo Magalhães Jr. (Jacquot)
Diretor: Sérgio Cardoso
Companhia Dramática Nacional

Improviso, de diversos autores
Direção, cenografia e figurinos dos intérpretes: Tônia Carrero, Elizabeth Henreid, Paulo Autran, Ruy Afonso e Sérgio Cardoso
Teatro Íntimo Nicete Bruno

A Ceia dos Cardeais, de Júlio Dantas (Cardeal de Montmorency)
Diretora: Bibi Ferreira
Comédia Municipal

1954

Um Personagem no Ar e ***Romance***
Produção, direção e interpretação: Sérgio Cardoso
Televisão Record de São Paulo

Leonor de Mendonça, de Gonçalves Dias
Diretor: Adolfo Celi
Teatro Brasileiro de Comédia

Hécuba, de Eurípedes (Hécuba)
Diretor: Paschoal Carlos Magno
Teatro do Estudante do Brasil

A Filha de Iório, de Gabriele D'Annunzio (Aligi)
Diretor: Ruggero Jacobbi
Comissão do IV Centenário de São Paulo

Lampião, de Rachel de Queiróz (Virgulino Ferreira, o Lampião)
Diretor: Sérgio Cardoso
Companhia Nydia Licia - Sérgio Cardoso

Sinhá Moça Chorou, de Ernani Fornari (Leocádio)
Diretor: Sérgio Cardoso
Companhia Nydia Licia - Sérgio Cardoso

A Ceia dos Cardeais, de Júlio Dantas (Cardeal de Montmorency)
Espetáculo televisionado pela TV Record de São Paulo, respeitando-se a direção original de Bibi Ferreira.

1955

O Homem da Flor na Boca, de Pirandello (homem da flor na boca)
Diretor: Ziembinski
Pen Club do Rio de Janeiro
Tv Tupi de São Paulo

A Ceia dos Cardeais, de Júlio Dantas (Cardeal de Montmorency)
Espetáculo televisionado pela TV Tupi de São Paulo, respeitando-se a direção original de Bibi Ferreira.

Grande Teatro Royal (série de programas, encenando novelas e contos)
Diretor: Ruggero Jacobbi
Produção: Cacilda Becker
Televisão Record de São Paulo

A Ceia dos Cardeais, de Júlio Dantas (Cardeal de Montmorency)
Diretora: Bibi Ferreira
Companhia Jayme Costa

Cor de Rosa – Teatro Cacilda Becker (série de programas encenando peças cômicas e românticas)
Diretor: Ruggero Jaccobi
Televisão Record de São Paulo

Toi et Moi (Apresentação diária de uma poesia do livro ***Toi et Moi***, de Paul Geraldy)
Televisão Record de São Paulo

1956

Hamlet, Príncipe da Dinamarca, de Shakespeare (Hamlet)
Diretor: Sérgio Cardoso
Companhia Nydia Licia - Sérgio Cardoso

Quando as Paredes Falam, de Ferenc Molnar (Turay)
Diretor: Ruggero Jaccobi
Companhia Nydia Licia - Sérgio Cardoso

A Raposa e as Uvas, de Guilherme Figueiredo (Esopo)
Diretora: Bibi Ferreira
Companhia Nydia Licia - Sérgio Cardoso

1957

O Comício, de Abílio Pereira de Almeida (Amim Farah Filho)
Diretor: Sérgio Cardoso
Companhia Nydia Licia - Sérgio Cardoso

Chá e Simpatia, de Robert Anderson
Diretor: Sérgio Cardoso
Companhia Nydia Licia - Sérgio Cardoso

Henrique IV, de Pirandello (Henrique IV)
Diretor: Ruggero Jaccobi
Companhia Nydia Licia - Sérgio Cardoso

Três Anjos sem Asas, de Albert Husson (Júlio)
Diretor: Sérgio Cardoso
Companhia Nydia Licia - Sérgio Cardoso

1958

O Casamento Suspeitoso, de Ariano Suassuna (Cancão)
Diretor: Hermilo Borba Filho
Companhia Nydia Licia - Sérgio Cardoso

Uma Cama para Três, Claude Magnier (Cláudio Masure)
Diretor e Cenógrafo: Sérgio Cardoso
Companhia Nydia Licia - Sérgio Cardoso

Amor sem Despedida, de Daphne du Maurier (Ivan)
Diretor: Sérgio Cardoso
Companhia Nydia Licia - Sérgio Cardoso

Vestido de Noiva, de Nelson Rodrigues
Diretor e Cenógrafo: Sérgio Cardoso
Companhia Nydia Licia - Sérgio Cardoso

1959

Nu, com Violino, de Noel Coward (Sebastien)
Diretor: Sérgio Cardoso
Companhia Nydia Licia - Sérgio Cardoso

Trio (três peças em um ato)
Antes do Café, de Eugene O'Neill
O Homem da Flor na Boca, de Pirandello (o homem da flor na boca)
Lembranças de Berta, de Tennessee Williams
Diretor e Cenógrafo: Sérgio Cardoso
Companhia Nydia Licia - Sérgio Cardoso

Sexy, de Vicente Catalano (Leopoldo)
Diretor: Sérgio Cardoso
Companhia Nydia Licia - Sérgio Cardoso

O Soldado Tanaka, de Georg Kaiser (Tanaka)
Diretor: Sérgio Cardoso
Companhia Nydia Licia - Sérgio Cardoso

Huguie, de Eugene O'Neill (Huguie)
Diretor: Sérgio Cardoso
V Bienal Internacional de São Paulo

1960

Quando as Paredes Falam, de Ferenc Molnar (Turay)
Companhia Nydia Licia - Sérgio Cardoso

Sexy, de Vicente Catalano
Uma Cama para Três, Claude Magnier
A Raposa e as Uvas, de Guilherme Figueiredo
O Homem da Flor na Boca, de Pirandello
Companhia Sérgio Cardoso

1961

Um Estranho Bate à Porta
Diretor: Sérgio Cardoso
Companhia Morineau

Calígula, de Albert Camus (Calígula)
Diretor: Martim Gonçalves
Escola de Teatro da Bahia

1962

Os Caminhos da Medicina (Personagens diversos)
Televisão Excelsior de São Paulo

Sonho de uma Noite de Verão, de Shakespeare
Diretor: Sérgio Cardoso
Clube Hebraica

Calígula, de Albert Camus (Calígula)
Diretor: Sérgio Cardoso
SAJE – Sociedade de Auxílio à Juventude Estudantil

A Terceira Pessoa, de Andrew Rosenthal (Kip)
Diretor: Walmor Chagas
Teatro Cacilda Becker

A Visita da Velha Senhora, de Dürrenmatt (Schill)
Diretor: Walmor Chagas
Teatro Cacilda Becker

1964

Gog e Magog, de Mac Dougall e Ted Allan (Júlio e Davi)
Diretor: Alberto D'Aversa
Teatro Brasileiro de Comédia

O Resto é Silêncio, coletânea de monólogos de Shakespeare
Diretor: Sérgio Cardoso
Vinte e cinco personagens diferentes: Ricardo III, Henrique V, Jaques, Macbeth, Otelo, Timão de Atenas, Mercúrio, Rei Lear, Coriolano, Volúmnia, Cássio, Casca, Bruto, Décio, Júlio César, Marco Antônio, o bobo, Lourenço, Hamlet, Horácio.
TV Tupi de São Paulo

1966

Calúnia, de Talma de Oliveira (Guilherme)
Diretora: Wanda Kosmo
Televisão Tupi de São Paulo

O Anjo e o Vagabundo, de Benedito Rui Barbosa (o mendigo)
Diretor: Geraldo Vietri e Wanda Kosmo
Televisão Tupi de São Paulo

Somos Todos Irmãos, Adaptação: Benedito Rui Barbosa, do livro de R.W. Rochester (Samuel)
Diretora: Wanda Kosmo
Televisão Tupi de São Paulo

1967

A Madona de Cedro, filme (O Sacristão)
Diretor: Carlos Coimbra

O Santo Mestiço, de San Martin de Lima (Padre Ramiro)
Adaptação: Glória Magadan
Diretor: David Grimberg
Rede Globo de Televisão

Antonio Maria, de Geraldo Vietri (Antonio Maria)
Diretor: Geraldo Vietri
Televisão Tupi de São Paulo

1969

A Cabana do Pai Tomás, de Harriet Beecher Stowe (Pai Tomás, Abraham Lincoln e Dimitrios)
Adaptação: Hedy Maia
Diretor: Fábio Sabag
Rede Globo de Televisão

1970

Os Herdeiros, filme (Chefe político da época getulista)
Diretor: Cacá Diegues
Argumento: Arnaldo Jabor
Produtores: Luis Carlos Barreto e Jarbas Barbosa
Roteiro: Davi Neves

A Próxima Atração, de Walter Negrão (O gaúcho)
Diretor: Régis Cardoso
Rede Globo de Televisão

Assim na Terra como no Céu, de Dias Gomes
Diretor: Walter Campos
Rede Globo de Televisão

Pigmalião 70, de Vicente Sesso (Nando - o feirante)
Diretor: Régis Cardoso
Rede Globo de Televisão

1972

O Primeiro Amor, de Walter Negrão (Professor Luciano)
Diretor: Régis Cardoso
Rede Globo de Televisão

Índice

Créditos fotográficos

Todas as fotografias utilizadas neste volume fazem parte do acervo pessoal da família de Sérgio Cardoso. Entre os fotógrafos destacam-se Fredi Kleemann, Carlos (do Rio de Janeiro), Hejo, Julio Agostinelli, Marcelo Pestana e Carlos Cirne, entre outros.
Agradecemos à TV Globo a utilização das imagens de Sérgio Cardoso em personagens de suas novelas.

A presente obra conta com diversas fotos, grande parte de autoria identificada e, desta forma, devidamente creditada. Contudo, a despeito dos enormes esforços de pesquisa empreendidos, uma parte das fotografias ora disponibilizadas não é de autoria conhecida de seus organizadores, fazendo parte do acervo pessoal do biografado. Qualquer informação neste sentido será bem-vinda, por meio de contato com a editora desta obra (livros@imprensaoficial.com.br/ Grande São Paulo SAC 11 5013 5108 | 5109 / Demais localidades 0800 0123 401), para que a autoria das fotografias porventura identificadas seja devidamente creditada.

Coleção Aplauso

Série Cinema Brasil

Alain Fresnot – Um Cineasta sem Alma
Alain Fresnot

Agostinho Martins Pereira – Um Idealista
Máximo Barro

O Ano em Que Meus Pais Saíram de Férias
Roteiro de Cláudio Galperin, Bráulio Mantovani, Anna Muylaert e Cao Hamburger

Anselmo Duarte – O Homem da Palma de Ouro
Luiz Carlos Merten

Antonio Carlos da Fontoura – Espelho da Alma
Rodrigo Murat

Ary Fernandes – Sua Fascinante História
Antônio Leão da Silva Neto

O Bandido da Luz Vermelha
Roteiro de Rogério Sganzerla

Batismo de Sangue
Roteiro de Dani Patarra e Helvécio Ratton

Bens Confiscados
Roteiro comentado pelos seus autores Daniel Chaia e Carlos Reichenbach

Braz Chediak – Fragmentos de uma vida
Sérgio Rodrigo Reis

Cabra-Cega
Roteiro de Di Moretti, comentado por Toni Venturi e Ricardo Kauffman

O Caçador de Diamantes
Roteiro de Vittorio Capellaro, comentado por Máximo Barro

Carlos Coimbra – Um Homem Raro
Luiz Carlos Merten

Carlos Reichenbach – O Cinema Como Razão de Viver
Marcelo Lyra

A Cartomante
Roteiro comentado por seu autor Wagner de Assis

Casa de Meninas
Romance original e roteiro de Inácio Araújo

O Caso dos Irmãos Naves
Roteiro de Jean-Claude Bernardet e Luis Sérgio Person

O Céu de Suely
Roteiro de Karim Aïnouz, Felipe Bragança e Maurício Zacharias

Chega de Saudade
Roteiro de Luiz Bolognesi

Cidade dos Homens
Roteiro de Elena Soárez

Como Fazer um Filme de Amor
Roteiro escrito e comentado por Luiz Moura e José Roberto Torero

Críticas de Edmar Pereira – Razão e Sensibilidade
Org. Luiz Carlos Merten

Críticas de Jairo Ferreira – Críticas de invenção: Os Anos do São Paulo Shimbun
Org. Alessandro Gamo

Críticas de Luiz Geraldo de Miranda Leão – Analisando Cinema: Críticas de LG
Org. Aurora Miranda Leão

Críticas de Ruben Biáfora – A Coragem de Ser
Org. Carlos M. Motta e José Júlio Spiewak

De Passagem
Roteiro de Cláudio Yosida e Direção de Ricardo Elias

Desmundo
Roteiro de Alain Fresnot, Anna Muylaert e Sabina Anzuategui

Djalma Limongi Batista – Livre Pensador
Marcel Nadale

Dogma Feijoada: O Cinema Negro Brasileiro
Jeferson De

Dois Córregos
Roteiro de Carlos Reichenbach

A Dona da História
Roteiro de João Falcão, João Emanuel Carneiro e Daniel Filho

Os 12 Trabalhos
Roteiro de Cláudio Yosida e Ricardo Elias

Estômago
Roteiro de Lusa Silvestre, Marcos Jorge e Cláudia da Natividade

Fernando Meirelles – Biografia Prematura
Maria do Rosário Caetano

Fim da Linha
Roteiro de Gustavo Steinberg e Guilherme Werneck; Storyboards de Fábio Moon e Gabriel Bá

Fome de Bola – Cinema e Futebol no Brasil
Luiz Zanin Oricchio

Geraldo Moraes – O Cineasta do Interior
Klecius Henrique

Guilherme de Almeida Prado – Um Cineasta Cinéfilo
Luiz Zanin Oricchio

Helvécio Ratton – O Cinema Além das Montanhas
Pablo Villaça

O Homem que Virou Suco
Roteiro de João Batista de Andrade, organização de Ariane Abdallah e Newton Cannito

Ivan Cardoso – O Mestre do Terrir
Remier

João Batista de Andrade – Alguma Solidão e Muitas Histórias
Maria do Rosário Caetano

Jorge Bodanzky – O Homem com a Câmera
Carlos Alberto Mattos

José Antonio Garcia – Em Busca da Alma Feminina
Marcel Nadale

José Carlos Burle – Drama na Chanchada
Máximo Barro

Liberdade de Imprensa – O Cinema de Intervenção
Renata Fortes e João Batista de Andrade

Luiz Carlos Lacerda – Prazer & Cinema
Alfredo Sternheim

Maurice Capovilla – A Imagem Crítica
Carlos Alberto Mattos

Mauro Alice – Um Operário do Filme
Sheila Schvarzman

Miguel Borges – Um Lobisomem Sai da Sombra
Antônio Leão da Silva Neto

Não por Acaso
Roteiro de Philippe Barcinski, Fabiana Werneck Barcinski e Eugênio Puppo

Narradores de Javé
Roteiro de Eliane Caffé e Luís Alberto de Abreu

Onde Andará Dulce Veiga
Roteiro de Guilherme de Almeida Prado

Orlando Senna – O Homem da Montanha
Hermes Leal

Pedro Jorge de Castro – O Calor da Tela
Rogério Menezes

Quanto Vale ou É por Quilo
Roteiro de Eduardo Benaim, Newton Cannito e Sergio Bianchi

Ricardo Pinto e Silva – Rir ou Chorar
Rodrigo Capella

Rodolfo Nanni – Um Realizador Persistente
Neusa Barbosa

O Signo da Cidade
Roteiro de Bruna Lombardi

Ugo Giorgetti – O Sonho Intacto
Rosane Pavam

Vladimir Carvalho – Pedras na Lua e Pelejas no Planalto
Carlos Alberto Mattos

Viva-Voz
Roteiro de Márcio Alemão

Zuzu Angel
Roteiro de Marcos Bernstein e Sergio Rezende

Série Cinema

Bastidores – Um Outro Lado do Cinema
Elaine Guerini

Série Ciência & Tecnologia

Cinema Digital – Um Novo Começo?
Luiz Gonzaga Assis de Luca

Série Crônicas

Crônicas de Maria Lúcia Dahl – O Quebra-cabeças
Maria Lúcia Dahl

Série Dança

Rodrigo Pederneiras e o Grupo Corpo – Dança Universal
Sérgio Rodrigo Reis

Série Teatro Brasil

Alcides Nogueira – Alma de Cetim
Tuna Dwek

Antenor Pimenta – Circo e Poesia
Danielle Pimenta

Cia de Teatro Os Satyros – Um Palco Visceral
Alberto Guzik

Críticas de Clóvis Garcia – A Crítica Como Ofício
Org. Carmelinda Guimarães

Críticas de Maria Lucia Candeias – Duas Tábuas e Uma Paixão
Org. José Simões de Almeida Júnior

João Bethencourt – O Locatário da Comédia
Rodrigo Murat

Leilah Assumpção – A Consciência da Mulher
Eliana Pace

Luís Alberto de Abreu – Até a Última Sílaba
Adélia Nicolete

Maurice Vaneau – Artista Múltiplo
Leila Corrêa

Renata Palottini – Cumprimenta e Pede Passagem
Rita Ribeiro Guimarães

Teatro Brasileiro de Comédia – Eu Vivi o TBC
Nydia Licia

O Teatro de Alcides Nogueira – Trilogia: Ópera Joyce – Gertrude Stein, Alice Toklas & Pablo Picasso – Pólvora e Poesia
Alcides Nogueira

O Teatro de Ivam Cabral – Quatro textos para um teatro veloz: Faz de Conta que tem Sol lá Fora – Os Cantos de Maldoror – De Profundis – A Herança do Teatro
Ivam Cabral

O Teatro de Noemi Marinho: Fulaninha e Dona Coisa, Homeless, Cor de Chá, Plantonista Vilma
Noemi Marinho

Teatro de Revista em São Paulo – De Pernas para o Ar
Neyde Veneziano

O Teatro de Samir Yazbek: A Entrevista – O Fingidor – A Terra Prometida
Samir Yazbek

Teresa Aguiar e o Grupo Rotunda – Quatro Décadas em Cena
Ariane Porto

Série Perfil

Aracy Balabanian – Nunca Fui Anjo
Tania Carvalho

Arllete Montenegro – Fé, Amor e Emoção
Alfredo Sternheim

Ary Fontoura – Entre Rios e Janeiros
Rogério Menezes

Bete Mendes – O Cão e a Rosa
Rogério Menezes

Betty Faria – Rebelde por Natureza
Tania Carvalho

Carla Camurati – Luz Natural
Carlos Alberto Mattos

Celso Nunes – Sem Amarras
Eliana Rocha

Cleyde Yaconis – Dama Discreta
Vilmar Ledesma

David Cardoso – Persistência e Paixão
Alfredo Sternheim

Denise Del Vecchio – Memórias da Lua
Tuna Dwek

Elisabeth Hartmann – A Sarah dos Pampas
Reinaldo Braga

Emiliano Queiroz – Na Sobremesa da Vida
Maria Leticia

Etty Fraser – Virada Pra Lua
Vilmar Ledesma

Ewerton de Castro – Minha Vida na Arte: Memória e Poética
Reni Cardoso

Geórgia Gomide – Uma Atriz Brasileira
Eliana Pace

Gianfrancesco Guarnieri – Um Grito Solto no Ar
Sérgio Roveri

Glauco Mirko Laurelli – Um Artesão do Cinema
Maria Angela de Jesus

Ilka Soares – A Bela da Tela
Wagner de Assis

Irene Ravache – Caçadora de Emoções
Tania Carvalho

Irene Stefania – Arte e Psicoterapia
Germano Pereira

Isabel Ribeiro – Iluminada
Luis Sergio Lima e Silva

Joana Fomm – Momento de Decisão
Vilmar Ledesma

John Herbert – Um Gentleman no Palco e na Vida
Neusa Barbosa

Jonas Bloch – O Ofício de uma Paixão
Nilu Lebert

José Dumont – Do Cordel às Telas
Klecius Henrique

Leonardo Villar – Garra e Paixão
Nydia Licia

Lília Cabral – Descobrindo Lília Cabral
Analu Ribeiro

Lolita Rodrigues – De Carne e Osso
Eliana Castro

Louise Cardoso – A Mulher do Barbosa
Vilmar Ledesma

Marcos Caruso – Um Obstinado
Eliana Rocha

Maria Adelaide Amaral – A Emoção Libertária
Tuna Dwek

Marisa Prado – A Estrela, O Mistério
Luiz Carlos Lisboa

Miriam Mehler – Sensibilidade e Paixão
Vilmar Ledesma

Nicette Bruno e Paulo Goulart – Tudo em Família
Elaine Guerrini

Nívea Maria – Uma Atriz Real
Mauro Alencar e Eliana Pace

Niza de Castro Tank – Niza, Apesar das Outras
Sara Lopes

Paulo Betti – Na Carreira de um Sonhador
Teté Ribeiro

Paulo José – Memórias Substantivas
Tania Carvalho

Pedro Paulo Rangel – O Samba e o Fado
Tania Carvalho

Regina Braga – Talento é um Aprendizado
Marta Góes

Reginaldo Faria – O Solo de Um Inquieto
Wagner de Assis

Renata Fronzi – Chorar de Rir
Wagner de Assis

Renato Borghi – Borghi em Revista
Élcio Nogueira Seixas

Renato Consorte – Contestador por Índole
Eliana Pace

Rolando Boldrin – Palco Brasil
Ieda de Abreu

Rosamaria Murtinho – Simples Magia
Tania Carvalho

Rubens de Falco – Um Internacional Ator Brasileiro
Nydia Licia

Ruth de Souza – Estrela Negra
Maria Ângela de Jesus

Sérgio Hingst – Um Ator de Cinema
Máximo Barro

Sérgio Viotti – O Cavalheiro das Artes
Nilu Lebert

Silvio de Abreu – Um Homem de Sorte
Vilmar Ledesma

Sônia Guedes – Chá das Cinco
Adélia Nicolete

Sonia Maria Dorce – A Queridinha do meu Bairro
Sonia Maria Dorce Armonia

Sonia Oiticica – Uma Atriz Rodrigueana?
Maria Thereza Vargas

Suely Franco – A Alegria de Representar
Alfredo Sternheim

Tatiana Belinky – ... E Quem Quiser Que Conte Outra
Sérgio Roveri

Tony Ramos – No Tempo da Delicadeza
Tania Carvalho

Vera Holtz – O Gosto da Vera
Analu Ribeiro

Vera Nunes – Raro Talento
Eliana Pace

Walderez de Barros – Voz e Silêncios
Rogério Menezes

Zezé Motta – Muito Prazer
Rodrigo Murat

Especial

Agildo Ribeiro – O Capitão do Riso
Wagner de Assis

Beatriz Segall – Além das Aparências
Nilu Lebert

Carlos Zara – Paixão em Quatro Atos
Tania Carvalho

Cinema da Boca – Dicionário de Diretores
Alfredo Sternheim

Dina Sfat – Retratos de uma Guerreira
Antonio Gilberto

Eva Todor – O Teatro de Minha Vida
Maria Angela de Jesus

Eva Wilma – Arte e Vida
Edla van Steen

Gloria in Excelsior – Ascensão, Apogeu e Queda do Maior Sucesso da Televisão Brasileira
Álvaro Moya

Lembranças de Hollywood
Dulce Damasceno de Britto, organizado por Alfredo Sternheim

Maria Della Costa – Seu Teatro, Sua Vida
Warde Marx

Ney Latorraca – Uma Celebração
Tania Carvalho

Raul Cortez – Sem Medo de se Expor
Nydia Licia

Rede Manchete – Aconteceu, Virou História
Elmo Francfort

TV Tupi – Uma Linda História de Amor
Vida Alves

Victor Berbara – O Homem das Mil Faces
Tania Carvalho

Walmor Chagas – Ensaio Aberto para Um Homem Indignado
Djalma Limongi Batista

Formato: 23 x 31 cm

Tipologia: Frutiger

Papel miolo: Offset LD 90g/m^2

Papel capa: Triplex 250g/m^2

Número de páginas: 180

1ª reimpressão: março de 2009

Editoração, CTP, impressão e acabamento:
Imprensa Oficial do Estado de São Paulo

Coleção Aplauso Série Especial

Coordenador Geral	Rubens Ewald Filho
Coordenador Operacional e Pesquisa Iconográfica	Marcelo Pestana
Projeto Gráfico	Carlos Cirne
Editor Assistente	Felipe Goulart
Tratamento de Imagens	José Carlos da Silva

Dados Internacionais de Catalogação na Publicação
Biblioteca da Imprensa Oficial do Estado de São Paulo

Licia, Nydia
Sérgio Cardoso : imagens de sua arte / um roteiro iconográfico organizado por Nydia Licia – São Paulo : Imprensa Oficial do Estado de São Paulo, 2004.
180p. : il. - (Coleção aplauso. Série especial / Coordenador geral Rubens Ewald Filho)

ISBN 85.7060.251-0

1. Atores brasileiros 2. Cinema – Brasil 3. Teatro brasileiro 4. Cardoso, Sérgio, 1925-1972 – Biografia I. Título. II. Série

CDD – 792.09881

Índice para catálogo sistemático:
1. Humoristas brasileiros : Biografia 928.69

Foi feito o depósito legal
Lei nº 10.994, de 14/12/2004

Impresso no Brasil / 2004

Imprensa Oficial do Estado de São Paulo
Rua da Mooca, 1921 Mooca
03103-902 São Paulo SP
www.imprensaoficial.com.br/livraria
livros@imprensaoficial.com.br
Grande São Paulo SAC 11 5013 5108 | 5109
Demais localidades 0800 0123 401

ctp, impressão e acabamento

imprensaoficial

Rua da Mooca, 1921 São Paulo SP
Fones: 2799-9800 - 0800 0123401
www.imprensaoficial.com.br